ARTHUR CHEVALLIER

L'HISTOIRE À L'ÉPREUVE DES ÉMOTIONS

LES ÉDITIONS DU CERF

www.editionsducerf.fr
24, rue des Tanneries
75013 Paris

ISBN : 978-2-204-13017-2

Au lion.

LA RÉVOLUTION DES ÉMOIS

La politique se construit contre la révolte. Au regard de la poésie, tout régime, quelle que soit sa nature, aura pour fonction de neutraliser la spontanéité, de complexifier la simplicité, de mortifier la vie. Tout ordre sur lequel se fonde une société apparaîtra pathétique puisque condamné à être un jour dépassé. Toute communauté de destin semblera une fiction réunissant des individus disparates en un même temps et un même espace au nom de principes dont la crédibilité, variable selon les époques, ira s'atténuant au fil des siècles. À cette aune, il sera jugé normatif que toute génération naissante s'oppose à la génération précédente et réédite à sa façon la querelle des Modernes dénonçant les Anciens. Cette bataille sera alors conçue comme un instant révolutionnaire inaugurant une ère de représentations nouvelles venant vivifier une culture sinon croupissante.

La politique ne serait-elle, dès lors, qu'une affaire de ressentis ? Il n'y a pas que les démagogues de préau et les analystes de sondages pour le croire. L'historiographie européenne elle-même connaît une école des émotions qui attribue aux affects un rôle égal, dans la longue chronique humaine, à celui qu'ont tenu autrefois les nations et les empires, jadis les ethnies, naguère les classes et aujourd'hui, par exemple, les genres. Ce type de recherches a émergé sur le Vieux Continent au milieu du XXᵉ siècle. Il s'est multiplié et s'est imposé au tournant du XXIᵉ siècle en Grande-Bretagne, en Allemagne et en France. Les quatre millénaires écoulés depuis l'édification des premiers États en Mésopotamie sont désormais conçus comme une immense fabrique de sentiments et de comportements à l'avantage le plus souvent des pouvoirs dominants et, par contrecoup, des mouvements contestataires. Dans tous les cas, il s'agit donc ici, comme souvent ailleurs, de modéliser des logiques sociales qui échappent à leurs acteurs afin de les déconstruire.

L'ambition de cet essai n'est pas de discuter le bien-fondé épistémologique d'une école qui est d'ailleurs assez occupée par ses disputes internes, entre autres sur le rapport entre les psychologies collectives et individuelles. Il est néanmoins permis de s'interroger sur les limites matérielles et les impasses interprétatives d'une archéologie des passions, particulièrement lorsque ces dernières sont considérées comme des moments singuliers de sensibilités différentes, irréductibles entre elles. Plus questionnable encore apparaît la prétention de cette entreprise savante à se présenter comme l'acmé de la modernité et du progrès. Or, à bien y regarder, elle ressort en divers de ses aspects plutôt antimoderne, voire réactionnaire. Surtout, et quelles que soient les intentions de ses auteurs, elle participe inconsciemment ou sciemment de notre période idéologique ainsi que de son penchant à l'effusion, à la fragmentation et à la relativisation allié, par souci d'objectivation, à la mode néopositiviste des neurosciences.

Cet essai s'attache à l'inverse au phénomène contemporain de la dissolution de la mémoire, ce levier de la transmission et cette condition de l'avenir, que subissent les jeunes générations dont je suis. Passons sur ce terme sociologique imprécis qui entend un échelonnement approximatif de trente ans au sein d'une même descendance et qui ne connaît d'usage que flou mais contraignant dans le champ lexical des sciences sociales. Voyons plutôt l'irrésolution à laquelle mènent les tentatives de formalisation du sensible, particulièrement lorsqu'on considère qu'il est inculqué, si ce n'est programmé.

L'historiographie des émotions naît au sein de la revue des *Annales*. Émule de Marc Bloch à qui la débâcle inspire en 1940 *L'Étrange défaite*, Lucien Febvre fait paraître en 1941 un article intitulé : « La sensibilité et l'histoire : Comment reconstituer la vie affective d'autrefois ? » En appeler à ce « sujet neuf et beau » tient quelque peu, admet-il, du « cri d'artiste ». Engagé au sein de Franc-Tireur dont il devient le chef pour Lyon, Bloch meurt sous les tortures de la Gestapo en 1944. Ayant traversé l'Occupation en savant-ermite, Febvre décède de vieillesse en 1956. Trois ans plus tôt, Paris a connu une ardente polémique. En 1953, Jean Cassou, lui-même ancien membre du réseau Bertaux, répond dans *La Mémoire courte* à Jean Paulhan, auteur en 1951 d'une *Lettre aux directeurs de la Résistance* où l'épuration est dénoncée comme une opération de terreur stalinienne. Cassou, communiste convaincu mais ayant rompu avec le parti, tient la Résistance et la Collaboration comme des choix adverses sur le plan de la morale. Les confondre reviendrait, une décennie à peine après les faits, à provoquer une sorte d'amnésie éthique : « L'homme est avant tout mémoire, qui lui explique son passé et l'éclaire sur les choix de son avenir, bref dessine son destin. Il le sait bien, le poète en prison, dépouillé de tout sauf de sa mémoire, et qui se reconstitue par cœur. De même en est-il des peuples, qui agissent selon le cours de leur mémoire collective et font leur histoire. Et l'homme écrit ses mémoires, qui sont aussi celles de son temps et de son peuple. »

Le terme de génération lui-même ne renvoie pas à un sentiment d'appartenance mais à une cartographie de navigation. La mienne, c'est-à-dire ce groupe que je ne suis pas obligé d'aimer mais dont je ne peux me départir, a été anesthésiée par le mobilisme élevé au rang de mythe postmoderne. Toutes les forces à disposition doivent être concentrées toujours plus rapidement vers un futur toujours plus lointain. Rivés à un horizon invisible, épuisés par la course, d'aucuns ne pensent à regarder derrière. Ce mouvement perpétuel et répété a des conséquences. La brièveté et le provisoire priment l'attention et la pérennité. Ce triomphe de l'instant implique moins une défaite de la pensée qu'un oubli du passé. Lequel ne saurait être retrouvé sans fournir de grands efforts pour aller vers lui, c'est-à-dire vers l'arrière. Or, ordre est donné de dilapider les réservoirs de l'énergie pour se précipiter en avant.

Il n'est pas un passé mais des passés qui, de plus, ne sont pas indistinctement vertueux : certains sont délectables, d'autres dégueulasses. Aucun culte ne leur est dû. L'affection ou la détestation qu'on leur porte est évidemment sélective. Et c'est très bien ainsi. De la décapitation de Louis XVI à la victoire du Front populaire, des journées d'août 1792 à celles de mai 1968, en passant par la bataille d'Austerlitz en 1805 et la Commune de Paris en 1871, l'histoire récente de la France donne des exemples de tout pour tous. Dans les livres, les revues, les magazines, dans les émissions de radio, de télévision, dans les blogs et jusque dans l'intimité des familles cohabitent ces différentes versions. La patrie n'est pas un idéal mais un champ d'antagonismes au sein de cet étrange pays qui est le nôtre et où les citoyens savent l'aduler et la détester avec l'entrain sincère qui n'a d'égal que la mauvaise foi qu'on leur connaît. Les affrontements intellectuels qui en découlent rappellent que la connaissance est un atout aussi sérieux que la croissance et que l'utilitarisme ne passera pas. Par miracle, ce tempérament singulier est devenu un style sidérant le reste de la planète qui le brocarde pour mieux l'admirer.

Cet essai exclut en conséquence de recourir à l'indignation, attitude prisée par ceux à qui elle profite. S'indigner, c'est encore attendre quelque chose. C'est militer dans le sens le plus détestable du mot, en usant de son ressenti comme d'un ressentiment. Là où il s'agirait, comme on va le faire ici, d'assumer l'univers symbolique où se révolter signifie penser, écrire, créer. Il n'y a d'acte politique respectable que relevant de la culture, autre vocable qui doit être restauré dans son sens plénier pour combattre ceux qui précisément la combattent. À la différence des engagements idéologiques, la vie intellectuelle implique une méthode, une lenteur, une politesse de l'esprit à laquelle on se soumet volontiers. À l'instar du silence auquel chacun, spontanément, s'astreint quand il entre dans un temple ou un cimetière. Nulle règle ne prescrit la rétention, aucune sanction ne punit l'infraction. Il y va moins d'une crainte magique que d'un comportement respectueux lié à l'évidence soudaine de la vulnérabilité de toute existence. Ce qui est désarmé se fait alors désarmant.

Dans nos vies se déroule un autre spectacle. Celui du triomphe de l'ignorance, à rebours de la décence commune qui a, dans une société civilisée, force de loi en tant qu'elle est source de partage. Nous assistons à un abandon de la connaissance au profit de la bagarre généralisée, front contre front. L'exclusion de l'école et de l'université de la médiatisation du savoir en est le principal avatar. Or, si la vie des idées implique assurément des chocs et des conflits, encore faut-il qu'ils soient d'ordre intellectuel, que l'on ne s'abandonne pas à la bisbille et que l'on ne quête pas la rumeur. L'histoire, qui a pour vocation de clarifier les mémoires, s'est laissé déporter sur le champ idéologique, politique, et se voit prise au piège de l'instrumentalisation à des fins de radicalisation. Désormais la mystification et le mépris, les postures d'outrance, les paroles d'outrage monopolisent une telle énergie que seule subsiste la vulgarité. N'importe qui disant n'importe quoi se sent en droit d'être pris au sérieux. Les manifestations de cette dérive sont si quotidiennes et systématiques que personne ne s'en offusque plus.

La volatilisation des intellectuels annonce-t-elle l'extinction de l'intelligence ? Le mot n'a pas disparu. La chose non plus. La nouveauté tient à ce que les règles admises et reçues qui présidaient à une démonstration n'ont plus cours. Voilà le danger pour la liberté et voici l'objet de ce livre : l'élimination de ce qu'on appelle communément le contradictoire, cette codification du dialogue qui permet aux idées de cohabiter et de circuler. Il n'y a pas lieu d'opposer, comme il est de mise désormais, l'établissement des principes et l'épreuve des faits, la logique et la rhétorique, l'axiome et l'art. L'œuvre de Paul Valéry ne constitue-t-elle pas un miroitement de pures abstractions portées par des formules incarnées ? La raison est une partie de la beauté. Parce qu'elle implique la rigueur, elle mène aussi à la fantaisie. L'absurde, ou ce qu'on appelle tel, n'est pas l'antonyme du sensé, mais au contraire son paroxysme inversé.

Le 30 août 1755, à Jean-Jacques Rousseau qui vient de lui envoyer son dernier ouvrage, *Le Discours sur l'origine de l'inégalité parmi les hommes*, Voltaire répond par une des lettres les plus drôles de la littérature française : « Les épines attachées à la littérature et à un peu de réputation ne sont que des fleurs en comparaison des autres maux qui, de tout temps, ont inondé la terre. Avouez que ni Cicéron, ni Varron, ni Lucrèce, ni Virgile, ni Horace, n'eurent la moindre part aux proscriptions. Marius était un ignorant ; le barbare Sylla, le crapuleux Antoine, l'imbécile Lépide, lisaient peu Platon et Sophocle ; et pour ce tyran sans courage, Octave Cépias, surnommé si lâchement Auguste, il ne fut un détestable assassin que dans le temps où il fut privé de la société des gens de lettres. Avouez que le badinage de Marot n'a pas produit la Saint-Barthélemy et que la tragédie du Cid ne causa pas les guerres de la Fronde. Les grands crimes n'ont été commis que par de célèbres ignorants. Ce qui fait et ce qui fera toujours de ce monde une vallée de larmes c'est l'insatiable cupidité et l'indomptable orgueil des hommes, depuis Thamas-Kouli-Kan, qui ne savait pas lire, jusqu'à un commis de la douane qui ne sait que chiffrer. Les lettres nourrissent l'âme, la rectifient, la consolent ; et elles font même votre gloire dans le temps que vous écrivez contre elles. » La leçon est entendue : si tous les écrivains ne sont pas adorables, ils commettent moins de crimes que les princes.

Pour autant, les idéologues ne sont ni des intellectuels ni des écrivains. Dans la confusion des genres, comment qualifier les démolisseurs de la déconstruction ? Aristote notait dans sa *Métaphysique* : « Tous les hommes désirent naturellement savoir. » L'intensité du plaisir lié à l'apprentissage de la lucidité provoque des enthousiasmes similaires à n'importe quel spectacle de théâtre ou concert de musique bien joué. Cette joie anime l'exercice ordinaire de la faculté de juger à partir de la vérification d'une information. Déconstruire ne mérite pas, dans ces conditions, d'anathème. Mais comment statuer de la déconstruction qui s'affranchit de la connaissance ? Qui ne déconstruit pas un savoir au nom d'un autre savoir mais au nom de rien ? Si l'histoire demeure plus protégée que d'autres disciplines face à cette tentation nihiliste, son accès se montre pour le moins encombré.

La déconstruction supposée des savoirs correspond à un nouvel épisode de la longue guerre, immanquablement artificielle et incessamment recommencée, entre la raison et l'émotion. Il suffit d'ailleurs, pour s'en convaincre, de mesurer la déférence ou le dédain extrêmes que peut susciter l'empathie chez les gouvernants. L'argument, dans les deux camps, est invariable : il faut savoir ce que l'on veut. Or, l'histoire démontre que l'humanité la plus élémentaire finit par commander aux décisions politiques dès lors que le pouvoir exécutif est légitime et qu'il se fonde sur le consentement du peuple. En France, au XVe siècle, Louis XII, monarque habitué à consulter les états généraux, tire sa popularité de l'équité qu'il montre dans l'exercice de ses fonctions : le roi n'est pas « bon » parce qu'il est le plus fort mais parce qu'il est le plus juste. L'adhésion est gagnante car elle l'emporte sur la crainte. Le 18 juin 1940, Charles de Gaulle lance un appel radiophonique qui pourrait paraître propice à la moquerie puisqu'il émane d'un inconnu qui, après une défaite accablante, a traversé la Manche en prétendant emporter avec lui la vraie France dans ses valises. Au lieu de quoi se lève la Résistance. C'est le général rebelle qui, contre toute attente, a raison contre le maréchal inféodé grâce à son intuition qui ravive le sentiment national.

L'émotion n'a pas plus été découverte par l'extrême modernité qui se donne pour mission de la déconstruire que l'État millénaire ne l'a dissimulée dans la représentation sur laquelle il s'est construit. De façon évidente, les ors, les hymnes, les cérémonies, les drapeaux, les uniformes, les distinctions ont été orchestrés pour aviver l'affectivité. Partout elle abonde et depuis longtemps. Son empire varie selon les époques car, invariablement, l'émotion se confronte à la raison et cet affrontement a pour bilan une somme de victoires et de défaites sans vainqueur. L'historiographie n'échappe pas à ce balancement, y compris dans sa pratique la plus rigoureuse ou la plus novatrice.

Néanmoins, aujourd'hui, l'intelligence cède au basculement. Elle plonge de la raison vers l'émotion. Lentement mais irrésistiblement. Comprendre les origines, les succès, les échecs et, surtout, les conséquences de ce déséquilibre inédit, dresser le récit de cette mutation inouïe, tel est le parcours que propose cet essai sous la forme d'une promenade. Le projet m'en est venu à l'occasion d'une expérience à laquelle rien ne me préparait. En

2021, j'ai été nommé au commissariat de l'exposition Napoléon promue par le Grand Palais et la Grande Halle de La Villette pour le bicentenaire de sa mort. Au cours de l'année consacrée à la préparation de cet événement, j'ai rencontré des personnalités politiques, des hauts fonctionnaires, des présidents d'établissements, des conservateurs, des dirigeants associatifs, des artistes. De droite comme de gauche et du centre. Je me suis rendu compte, pour la première fois, combien il n'y avait plus de discussion possible, que les débats ne portaient plus sur les faits, les dialogues sur les connaissances, les différends sur l'état des savoirs, mais qu'il n'était seulement question que des convictions des uns et des autres. Aussi sincères que catégoriques.

En bref, ce livre postule que le rôle constructif de l'émotion dans l'histoire n'a pas commencé avec l'analyse déconstructiviste de l'historiographie des émotions. Mais que sa force a tenu, au contraire, au fait qu'il a été sans cesse cantonné par la limitation que lui opposait la raison. L'humanité implique des antagonismes, l'altérité des divergences. En revanche, soupçonner une vérité d'être un mensonge parce qu'elle contredit une certitude marque une rupture considérable. L'aboutissement de ce processus est le chaos de la pensée, en tout point similaire à l'anarchie politique, à savoir un conflit permanent, déréglé, barbare. Ce nouvel arbitraire est d'autant plus difficile à supporter que ma génération n'y a pas été préparée par l'éducation qu'elle a reçue. Désormais, chacun est le militant de soi-même.

Le présent essai maintient que l'intelligence commence, au contraire, lorsqu'elle se retourne de façon critique contre elle-même. C'est pourquoi, aussi, il s'apparente moins à un traité qu'à une promenade à travers nos dérives irrationnelles et parmi nos passions négatives, égrenées comme autant de vignettes d'époque commentées à partir des postures du sentiment qui les ont provoquées ou qu'elles ont suscitées, à moins qu'elles ne soient mutuellement façonnées. Afin de défendre précisément ce qu'en retient et ce qu'en dit l'histoire.

1

L’assaut des sophistes

La ruse

Longtemps, l'œuvre de Nietzsche m'a semblé tel un de ces bouges nocturnes, vaste, saturé de son, zébré de lumière, profus, dense, d'une simplicité évidente et d'une complexité vertigineuse à la sortie duquel on peine à raconter l'expérience vécue. On peut lire ce philosophe-écrivain comme on lirait un démiurge ou un fou. On peut surtout lui faire dire n'importe quoi. Ce qui explique qu'à chaque crise spirituelle, intellectuelle ou politique du XXe siècle, l'Europe s'est précipitée auprès de lui pour le faire parler. L'Allemagne sombre dans le nazisme ? Qu'à cela ne tienne, Nietzsche est le malin génie d'un peuple sage. Le nihilisme règne ? Et si Michel Foucault devait plus à Nietzsche que ne lui devait Adolf Hitler ?

J'ai le souvenir, au début des années 2010, d'un cours donné à l'École normale supérieure par Quentin Meillassoux, considéré alors comme un prodige du concept mais dont, pour être honnête, j'ignorais le nom. C'est l'embarras d'avoir des amis étudiants en philosophie, ils se sentent obligés de vous communiquer leur passion. En auditeur plus que libre j'étais donc venu assister à sa leçon sur Nietzsche dont mes camarades m'avaient assuré qu'elle serait plus brillante que Nietzsche lui-même. Bref, j'écoutais Quentin Meillassoux. À dire vrai, il ne se débrouillait pas si mal et, déjà, transparaissait le métaphysicien de la contingence qu'il est devenu depuis. Le maître discourait, les élèves se taisaient. Ils attendaient la séquence consacrée à « la religion du soupçon ». Ils m'avaient prévenu, je redoublais d'attention.

Ayant conservé mes notes de ce cours, je les ai relues et peux donc m'essayer à le résumer aussi fidèlement que possible. Citant la préface de Paul Ricœur à *Soi-même comme un autre*, Quentin Meillassoux abordait la façon dont Nietzsche considérait le langage. À savoir une rhétorique pure, laquelle menait fatalement à la domination. Soit par l'architecture de l'argumentation, soit par la finesse de la persuasion, ou encore par la séduction musicale du vocabulaire employé. Le langage ressortait donc comme une force circonstancielle à la fois inutilisable en tant que vérité objective et impropre à instaurer un pouvoir indiscutable. Dès lors, ni l'insincérité, ni la sournoiserie ne comptant, tout serait démontrable et, en conséquence, pourrait être tenu pour vrai. Il n'y aurait plus, sous couvert de la quête de la vérité, que des affrontements entre des volontés de puissance.

Un cours en effet lumineux. L'après-midi se poursuivit dans un café où nous nous escrimions à en retrouver les clés dans *Vérité et mensonge au sens extra-moral*, texte inachevé de Nietzsche qui venait d'être réédité. Mes petits camarades frétillaient de joie à cette découverte. En rentrant chez moi, je trouvais leur enthousiasme démesuré. Il serait disproportionné d'affirmer que j'avais assisté aux prémices de la destruction de l'intelligence. Cela étant, j'ai compris, des années plus tard, la portée de mon trouble d'alors. Ou plutôt de ce qu'il révélait de l'époque.

Nietzsche, c'est un truisme, marque effectivement une rupture dans l'histoire de la philosophie et, en l'occurrence, de la logique. *Vérité et mensonge* devrait être considéré comme la bible de la déconstruction, ce qui serait peu si l'ouvrage ne constituait aussi une défense tous azimuts de l'émotion contre la raison. Au début des années 1870, la santé de Nietzsche s'altère. La multiplication des migraines oculaires l'empêche de se concentrer. C'est pourquoi, en 1873, il dicte la première version de ce traité à son ami Carl von Gersdorff. Il ne paraîtra qu'en 1895, après la démence et l'internement, dans l'édition en 19 volumes des *Œuvres complètes*. Ce livret, presque une plaquette, se présente comme une réflexion sur l'art, la science et, bien sûr, le langage. C'est en fait une attaque contre l'ensemble des règles d'après lesquelles nous tenons une chose pour vraie depuis, en gros, le IVe siècle avant Jésus-Christ.

L'impact de cette charge intellectuelle est d'autant plus frappant que Nietzsche est rarement aussi clair. Dès les premières lignes, retentit le canon : « Il était une fois, en quelque coin reculé de l'univers répandu dans le scintillement d'innombrables systèmes solaires, une planète où des animaux astucieux inventèrent la connaissance. Ce fut la minute la plus arrogante et la plus trompeuse de "l'histoire universelle". » L'offensive se poursuit ensuite sur le même ton martial. Le système de l'entendement appliqué à la réalité relèverait d'une suite de symbolisations « anthropomorphiques », c'est-à-dire arbitraires et par conséquent contestables. La prétention rationaliste de l'humanité combattrait l'instinct vivace de l'humanité qui serait ni moins estimable ni moins performant que n'importe quel raisonnement. L'homme, nous dit Nietzsche, « place désormais son action, en tant qu'être rationnel, sous la domination des abstractions : il ne supporte plus d'être emporté par de soudaines impressions, par des intuitions ; il généralise d'abord toutes ces impressions en en faisant des concepts moins colorés, plus froids, pour y attacher en remorque le véhicule de sa vie et de son action ».

Plus déstabilisant encore est le lien établi entre les instruments de la raison et la hiérarchie des idées. L'homme rationnel créerait un « monde nouveau de lois, de privilèges, de subordinations, de délimitations qui s'oppose désormais à l'autre univers intuitif des impressions premières, comme un monde plus solide, plus général, plus connu, plus humain et, partant, comme le monde régulateur et impératif ». Il poursuit avec toujours plus d'aplomb en attaquant la tyrannie du positivisme exercée sur l'intelligence : « Dans pareil jeu de dés des concepts, la vérité signifie utiliser chaque dé tel qu'il est défini ; énumérer exactement chacun de ses points, former des classements justes, et ne jamais aller contre l'ordonnancement des castes, la série des classifications. »

Récit et contre-récit, norme et déconstruction : tout est là. On ne saurait imputer à Nietzsche la récupération indue de son œuvre qu'ont opérée les Nazis et dans laquelle ils croyaient discerner une « fameuse intelligence ». Pour autant, les idéologues du IIIe Reich ont exploité le vide créé par les apologues du positivisme et creusé par les maîtres du soupçon. Si rien n'est vérité, si tout est mensonge alors n'importe quoi est dicible. Et n'importe quand, n'importe où, n'importe comment, par n'importe qui. Or, dans ce relativisme qui confine au nihilisme, certains ont vu un « nouveau champ » où pourrait prospérer la langue en tant qu'artifice. Comme le disait Roland Barthes dans sa leçon inaugurale au Collège de France le 7 janvier 1977 : « Il ne reste, si je puis dire, qu'à tricher avec la langue, qu'à tricher la langue. Cette tricherie salutaire, cette esquive, ce leurre magnifique, qui permet d'entendre la langue hors pouvoir, dans la splendeur d'une révolution permanente du langage, je l'appelle pour ma part : littérature. »

Toutefois, Paul Ricoeur a montré comment l'attaque frontale de la rationalité que contient *Vérités et mensonge* pourrait se révéler contre-productive : « Si l'argument dirigé contre le Cogito peut être interprété comme une extension au Cogito lui-même de l'argument cartésien du Malin génie, au nom du caractère figural et mensonger de tout langage, il n'est pas certain qu'en se plaçant lui-même sous le paradoxe du menteur, Nietzsche ait réussi à soustraire sa propre philosophie à l'effet de déconstruction déchaîné par son interprétation rhétorique de toute philosophie. » Le déchaînement en effet se poursuit. Il ne ravage pas que la philosophie mais s'étend à l'ensemble des sciences humaines et s'efforce de gagner l'histoire. Or, dans ce dernier domaine, le discours ne peut pas recourir qu'aux sophismes, aussi brillants soient-ils. L'histoire suppose le fait, l'argument, le raisonnement. Elle n'implique aucune sorte de fiction. Elle étudie au besoin le mensonge mais pour le récuser.

L'arrogance

Mes amis continuèrent à étudier fervemment la philosophie. Après Friedrich Nietzsche, ils se prirent de passion pour Michel Foucault. De post-modernes, ils se firent ainsi pré-déconstructionnistes. J'avais du mal à suivre leurs changements d'allégeance et, plus encore, à compulser leurs écrits qui croulaient sous les barbarismes et les néologismes. Il aurait fallu, me disaient-ils, que je suive un cours d'initiation à la philosophie. Puis que je me frotte à leur nouveau maître à penser, ou encore à ses émules, Jacques Derrida et autres adversaires du Cogito. Mais avec de tels principes, à quoi bon lire Voltaire ? En adoptant un langage ésotérique, la pensée ne se repliait-elle pas sur elle-même, ne rompait-elle pas avec le grand nombre ? Indifférents à ces remarques, mes amis répondaient que, n'ayant jamais étudié les concepts, je ne pouvais saisir la singularité de leur expression. Comme si Platon n'avait pas été aussi un littérateur et même, selon Paul Veyne, un historien !

J'eus donc à lire Foucault en débutant par *Les mots et les choses*. Le critique des pouvoirs y insistait sur le « perpétuel débat entre la philosophie qui objecte aux sciences humaines la naïveté avec laquelle elles essaient de se fonder elles-mêmes, et ces sciences humaines qui revendiquent comme leur objet propre ce qui aurait constitué jadis le domaine de la philosophie ». Dans cet ouvrage à la fois brillant et déplaisant, où alternaient la surchauffe et la menace, il s'efforçait de démontrer que les catégories fondées au XIXe siècle, au moment où les humanités avaient été structurées de façon scientifique, étaient artificielles. Ou, du moins, que leur intitulé et leur définition, de même que leurs typologies et leurs descriptions, ressortaient très contestables. On s'était contenté de plaquer sur des champs incertains la méthode employée pour observer la nature ou, plus gravement encore, l'ordre invoqué par la logique : « On échappe difficilement au prestige des classifications et des hiérarchies linéaires à la manière de Comte ; mais chercher à aligner tous les savoirs modernes à partir de mathématiques, c'est soumettre au seul point de vue de l'objectivité, de la connaissance, la question de la positivité des savoirs, de leur mode d'être, de leur enracinement, dans ces conditions de possibilité qui leur donne, dans l'histoire, à la fois leur objet et leur forme. »

On aurait cru entendre, comme mes amis le ruminaient, un Nietzsche d'extraction française. Foucault poursuivait son raisonnement et avançait, avec une décontraction confondante, l'idée selon laquelle les sciences humaines étaient dommageables car elles faisaient l'impasse sur la philosophie pour penser ou se penser : « Si l'homme n'est plus souverain au royaume du monde, s'il ne règne plus au mitan de l'être, les "sciences humaines" sont de dangereux intermédiaires dans l'espace du savoir. » En conséquence, il refusait à l'histoire le droit de réfléchir d'après ses propres critères. Seul l'exercice philosophique rendait libre l'intelligence. Je comprenais pourquoi mes amis favorisaient Michel Foucault. Sa puissance subversive les élevait au rang de maîtres absolus. Son nihilisme leur était fécond d'incroyables promesses. Sa posture de démolisseur-en-chef épatait. Ils n'hésitaient pas à le rappeler : dans la perspective foucaldienne, l'histoire, en tant que discipline, relevait de l'outil d'oppression.

Des années plus tard, cette charge me paraît surréaliste. Que toute science, dure ou molle, s'expose à toutes sortes de dérives ou de détournements, qui en disconviendra ? Que tout discours puisse se faire totalitaire, qui le niera ? La philosophie n'est d'ailleurs pas en reste. Ses plus illustres tenants ont souvent été les premiers à justifier le bon droit de régimes inhumains et l'on en connaît peu qui ont célébré la démocratie libérale. Mais toute science avance en se corrigeant. Si les historiens de la deuxième moitié du XIXe siècle ont effectivement cru à l'importance d'une méthode positive pour parvenir à des conclusions pertinentes, ils n'ont jamais oublié qu'ils participaient de l'humanité et, par avance, ils partageaient le scepticisme devenu à la mode quant à l'objectivité des sciences humaines. Aucun historien conséquent ne croit à l'étanchéité de la période sur laquelle il travaille. Il sait pertinemment que ce qu'on appelle « Moyen Âge » ou « Renaissance » est une division convenue. Mais sa quête de connaissance ne se limite pas à dénoncer cet état de fait.

L'aspect le plus drôle des considérations de Foucault tient à l'arrogance qu'il prête aux historiens. À le lire, on déduit que le défaut est communicatif. La contradiction à laquelle conduit son raisonnement est si forte que, si on le prend au sérieux, il en devient inopérant. En effet, si Michel Foucault ne croyait pas à l'historiographie, pourquoi avoir édifié une œuvre consacrée à réinterpréter l'histoire d'après des rapports de domination ? Sans les historiens, où aurait-il trouvé la matière sur laquelle mais aussi grâce à laquelle il raisonnait ?

La dissimulation

Il y a eu un avant Nietzsche et Foucault. Depuis qu'elles existent, la philosophie et l'histoire entretiennent des relations conflictuelles. Or ces affrontements ont longtemps dépendu de la mythologie, puis de la théologie. C'est cette histoire de l'histoire qu'explore comme d'habitude avec clarté et élégance Didier Le Fur dans son ouvrage *Et ils mirent Dieu à la retraite*. Au tournant des XVIIe et XVIIIe siècle, la destinée manifeste des hommes voulue par la mystérieuse providence divine est remise en cause. Non pas que le christianisme n'ait jamais pensé l'histoire, il a d'ailleurs été la seule religion à l'avoir fait au point que, dans la sphère occidentale, l'Église a été l'unique institution à s'en occuper. De cette tradition pluriséculaire, Bossuet est le dernier grand témoin avec sa *Politique tirée des propres paroles de l'Écriture sainte* publiée à titre posthume en 1709. Mais les Temps modernes ont d'ores et déjà proclamé l'avènement de l'autonomie que réclame le phénomène humain.

Pour autant, les Lumières sont l'aboutissement d'un long processus d'émancipation. Lequel remonte à l'Antiquité. Sans se concerter, plusieurs civilisations ont alors questionné l'irrationalité en ce qu'elle dépossède l'homme de sa liberté. Ce qui est évident pour le monde hellénique à l'entour du Ve siècle avant notre ère qui voit défiler les noms de Socrate, Euripide, Périclès à côté de ceux de Pythagore, Démocrite, Hippocrate. Comme le note Emma Carenini dans *Soleil, mythe, histoire et société*, la philosophie apparaît dans un contexte de bouleversement culturel sans précédent : « La civilisation grecque vit l'avènement d'une véritable science du monde ou “cosmologie”, qui avait la particularité de ne pas s'encombrer d'un vocabulaire religieux. » Loin des rivages de la Méditerranée, à peu près au même moment, Bouddha en Inde, Confucius et Lao Tseu en Chine s'attachent à déchiffrer les lois de l'existence en s'affranchissant des discours mythologiques peuplés de divinités. « L'origine du monde était devenue l'objet non plus d'une croyance, mais d'une interrogation : comment était-on passé du chaos primordial à un univers ordonné ? » Dès lors que l'homme prend en main son destin, pensée et connaissance ne font plus qu'un.

En Europe, à partir du XVIIe siècle, la rationalisation philosophique reprend et poursuit cette entreprise de dévoilement. Même si les violentes critiques qui sont alors formulées envers le Moyen Âge sont injustes, l'herméneutique biblique traditionnelle se révèle intenable face aux avancées empiriques des sciences exactes, en paléographie comme en paléontologie. L'écart entre la doctrine et le savoir se creuse. Et les découvertes historiques revêtent le même caractère inévitable que les découvertes géographiques. En fait, aussi bien que la Terre tourne, l'historiographie fonctionne.

On veut ramener aux hommes l'histoire des hommes, quoique sans laisser à la discipline la moindre autonomie et là est le hiatus. Tout à la fois dramaturge et mathématicien, membre de l'Académie française et de l'Académie des sciences, fer de lance des Modernes qui s'opposent aux Anciens au sein de l'Institut, Bertrand Le Bouyer de Fontenelle conteste la compréhension sacralisée de la longue chronique de l'humanité qui a eu, jusque-là, force de norme. Dans *L'histoire des oracles*, puis dans *De l'origine des fables*, il renvoie ce qui n'est pas positivement démontrable à l'état primitif de magie et de superstition. Fontenelle n'est pas un théoricien de l'inégalité entre les peuples. Il ne postule pas la supériorité d'une race, d'une politique ou d'une religion sur une autre. À ses yeux, le retard qu'accusent les Indiens n'est pas ethnique, social ou confessionnel, mais technique. Car, à le suivre, l'humanité emprunterait une trajectoire semblable à celle des individus : enfance, adolescence, âge adulte, vieillesse. D'une formule, Didier Le Fur résume le tournant intellectualiste qu'emprunte la modernité occidentale en se jugeant plus sage parce que plus savante, à preuve son rejet des

« croyances prétendues simplistes, soit, essentiellement, les fables qui truffaient les histoires anciennes et contemporaines – et naturellement tout ce qui pouvait être étiqueté de paranormal –, soit les miracles, la voyance, l'astrologie, etc. ». De manière involontaire mais de façon illusoire, on établit ainsi une histoire positive et une histoire négative.

C'est ainsi que l'historiographie va se greffer un temps sur la mathématique. Elle va se plier modestement au diktat scientifique avant d'être heureusement rattrapée par la révolution démocratique. Son propre mouvement d'autonomisation se poursuit avec *L'Encyclopédie*. Dieu n'est plus le seul incriminé. Le Prince est pareillement dénoncé. Dans une lettre du 26 janvier 1740, Voltaire écrit : « Il semble que pendant quatorze cens ans, il n'y ait eu dans les Gaules que des rois, des ministres et des généraux ; mais nos mœurs, nos lois, nos coutumes, notre peuple, ne sont-ils donc rien ? » Onze ans plus tard, en 1751, Voltaire publie *Le Siècle de Louis XIV* où il ne relate pas que la vie et l'œuvre du Roi-Soleil, mais aussi, et c'est la nouveauté, la nation, son esprit, son tempérament, agglomérant à son ouvrage, des événements et des considérations qui relevaient jusque-là de la philosophie, de la politique, de l'esthétique ou encore des mœurs. On reproche à Voltaire ses inexactitudes, lesquelles sont nombreuses, et on oublie qu'il aura été la première célébrité au sens contemporain du terme. Or si, de son vivant, les passants le reconnaissent et l'arrêtent dans la rue, c'est d'abord pour le remercier de leur avoir rendu l'histoire accessible. Et, en fait, de se savoir non pas des objets mais des sujets historiques.

Le premier pas rationnel qu'aura franchi l'histoire aura donc été de nature philosophique, soumis à l'impératif de combattre l'obscurantisme passé et à l'illusion d'une marche linéaire vers un avenir radieux. Objectiver le passé revient en effet à objectiver l'avenir. On sait combien ce raisonnement apparemment innocent aura conduit à nier l'altérité, à hiérarchiser les cultures et à détruire d'entières communautés de destin. Le simulacre du Bien aura débouché sur l'inflation du Mal.

Les débats portés, au mitan du XXe siècle, par l'École des Annales sont en germe dès la fin du XVIIIe siècle. L'histoire ne peut être réduite à un instrument du progressisme. Elle est un art. Quand ils écrivent, les historiens, au même titre que n'importe quel écrivain, créent. Leur métier ne consiste pas à retranscrire des informations découvertes dans une bibliothèque, mais à rédiger des phrases, à imaginer une forme cohérente à la fois esthétiquement et intellectuellement, un livre. Henri-Irénée Marrou le répétait : « L'œuvre historique est une œuvre d'art ; l'historien doit être un écrivain. » Georges Duby suivait en tenant l'histoire pour « un art, un art littérairement, essentiellement ». Autant pour les idéologues des lendemains déconstruits.

La lourdeur

La littérature et l'histoire peuvent-elles faire bon ménage en se défiant des pesanteurs de la philosophie ? Claudio Magris, l'écrivain de Trieste, cette cité à cheval sur les diverses Europe, en est l'exemple. Par son écriture, par sa culture et par son talent à les accorder. N'ayant publié que de bons livres, il est l'auteur d'au moins un chef-d'œuvre. Dans *Danubio*, « Danube », paru en 1986, alors que le mur de Berlin n'est pas encore tombé, il dresse la vaste chronique de ce fleuve qui traverse, en les recueillant, nombre des paysages physiques et mentaux du Vieux Continent. L'érudition et la précision d'une part, l'émotion et la dérision d'autre part sont au rendez-vous. Au sens littéral, les lignes et les paragraphes valsent.

Au point, d'ailleurs, que chaque page semble nous intimer de renoncer à écrire, accablés que nous sommes par cette profusion d'élégance et de fantaisie.

Sa vie durant, Magris a tant médité le destin de l'Europe qu'il en est devenu le plus grand des chantres contemporains. Les technocrates de l'Union seraient avisés d'aller puiser dans son œuvre la poésie qui leur fait défaut : ils parleraient sans doute un peu moins de règlement et un peu plus de liberté. Mais les eurosceptiques seraient également surpris par son refus, courtois mais ferme, de prendre en considération leur cause obsidionale. Parmi les intuitions géniales de Magris figure la distinction entre l'identité, cette vivacité passionnante, et l'identitarisme, cette passion vulgaire. La première relève de l'anthropologie. La seconde, de l'idéologie.

En 1938, Thomas Mann s'interroge sur Hitler et comprend que la dimension menaçante du personnage est accrue par sa prétention artistique, son « style honteux » qui allie « la difficulté, la paresse, le vague à l'âme pitoyable de l'adolescence, le vagabondage, l'irrésolution, l'errance à demi stupide dans une bohème sociale et spirituelle du plus bas degré, le refus arrogant de toute activité raisonnable et honorable » et qui mêle « explosivement » la culpabilité, l'instinct, colère, l'autojustification comme seule loi de l'univers. Le Führer ne constitue pas, comme il se complaît à le croire et à le faire accroire, l'irrésistible acmé de la modernité mais il en est l'abyssal fossé. Lui-même représente le mélange instable et dangereux entre l'affect primitif et l'idolâtrie techniciste qui confinent dans la volonté de puissance. D'où l'horreur totalitaire.

Au contraire, ce sont des dizaines, centaines et milliers de lignes que Claudio Magris a consacrées à l'esprit européen afin de démontrer en quoi il avait précisément inventé et façonné l'individu comme figure de l'humanité glorieuse en raison de son imperfection, de sa faiblesse et de sa vulnérabilité. Du XVIe au XVIIIe siècle fleurit, d'abord en Espagne, puis en Allemagne, en Angleterre et sur l'ensemble du continent, le roman picaresque. Le code du chevalier médiéval est transposé dans la charte de l'aventurier moderne qui conteste l'ordre du monde en mesurant le flux de ses actions extérieures au flot de ses interrogations intérieures. Le Don Quichotte de Miguel de Cervantes, le Simplicius Simplicissimus de Hans von Grimmelshausen, le Tristram Shandy de Laurence Sterne ont en commun cette dimension tragique et comique qui ne fait pas d'eux, pour autant, des anti-héros. Ils ont le courage d'être entièrement ce qu'ils sont. Le Jacques fataliste décrit par Denis Diderot, le Gil Blas indocile de Alain-René Lesage en sont les émules français. Leur seul vrai ennemi est la lourdeur. « Si les grands humoristes et les grands comiques, de Cervantes à Buster Keaton, font rire de la misère humaine, c'est qu'ils la perçoivent aussi et d'abord en eux-mêmes, et ce rire implacable suppose une intelligence éprise de notre destinée commune », conclut Magris.

L'égoïcité illimitée finit par se heurter à l'infinie vanité. Voilà pourquoi il arrive immanquablement, n'importe où, n'importe quand, quelle que soit l'occasion, que tout un chacun réalise combien son accomplissement ne va pas de soi à soi mais passe par l'autre. Au carrefour des émotions s'ouvre ainsi le chemin de l'intelligence, ce que Magris appelle la découverte de la totalité, non pas l'empire de l'intimidation mais le royaume de la compréhension. Et dont chacun aura compris en quoi il l'assimile au projet culturel du Vieux Continent. L'Europe grandit en se méditant, donc en s'amendant, et sa grandeur n'a pour seul intérêt que de se fonder sur le raisonnement. Lequel mène fatalement, et heureusement, à l'autodérision. Voilà pourquoi la politique, particulièrement lorsqu'elle est structurée par la philosophie et plus singulièrement encore lorsque la philosophie la déstructure, n'est pas sérieuse. Parce que, précisément, elle n'envisage pas une seconde de ne pas l'être.

2

L'offensive des manipulateurs

L'origine

Qu'est-ce qui distingue la modernité et la post-modernité ? Le fait que, se pensant parfaitement désenchantée, la seconde se croit habilitée à dénoncer les failles supposées de la première. Et à les déconstruire. Ainsi de l'altérité. Elle n'est plus recherchée, désormais, pour ce qu'elle est, un enrichissement mutuel. Elle est reformatée comme la victime désignée d'un Occident dominateur et prédateur, ayant annihilé avant-hier les cultures des origines, ayant détruit hier les cultures des lointains, écrasant aujourd'hui les cultures des minorités. Mais, en voulant prétendument libérer les différences, ce mouvement aboutit concrètement à les embastiller. Sans doute pour pouvoir les embrigader.

Les fabulations peuvent, dès lors, aller bon train sur les origines perdues et à retrouver. La celtitude, par exemple. À savoir cette prétendue communauté culturelle, laquelle réunirait géographiquement la Bretagne, les Asturies, les Gallois, l'Écosse, la Cornouaille et l'île de Man et devrait revenir historiquement à son supposé patrimoine, anéanti ou abîmé par l'Antiquité chrétienne. Quinze siècles d'échanges ne se traduisent pas ici par une exaltation du métissage mais par une frustration de la pureté. Il en sort des contre-cultures régionalistes variables, mais qui entendent toutes combattre le joug des nations qui sont censées les asservir, dont la France, la Grande-Bretagne, l'Espagne, en prenant pour champ de bataille les parlers locaux. Quand bien même ces derniers s'avèrent étanches lorsqu'ils ont été préservés, et arbitraires lorsqu'ils ont été reconstruits.

Dans sa *Composition française*, Mona Ozouf rend hommage à ses racines à travers la personne magnifiquement campée de son père afin de défendre le particularisme breton contre la centralisation jacobine. J'ai lu ce récit avec émotion étant également d'ascendance bretonne et ayant pareillement recueilli de la bouche de ma grand-mère les contes et les chansons de nos aïeux. Ce qui a néanmoins failli à réveiller le Celte en moi. Sans doute parce que je ne pensais pas, à rebours de l'air du temps, que me placer du côté des victimes de l'histoire me grandirait.

Aurai-je eu cette tentation de l'origine controuvée ou contrefaite que la lecture de l'œuvre révolutionnaire de Jean-Louis Brunaux m'en aurait guéri. Son ouvrage majeur, *Les Celtes*, est tout à la fois savant et simple, précis et provocateur. Au VIe siècle avant J.-C., le cartographe Hécatée de Milet dessine sa *Périégèse* ou « Description de la Terre », fragmentairement recopiée par le géographe Étienne de Byzance mille ans plus tard, au VIe siècle de notre ère. Y figure la « Celtique », territoire allant du Rhône à Toulon et de Toulon aux Pyrénées. Au Ve siècle, Hérodote en fait mention, Aristote aussi au IVe siècle. Toutes les sources indiquent que les habitants de cet « extrême Occident », les « Celtes », sont philhellènes et se montrent volontiers hellénophones. Leur volonté et leur capacité d'intégration dans le bassin antique sont telles que leur singularité s'efface et que Jules César fait de leur dénomination un usage générique dans la *Guerre des Gaules*. L'entière terminologie disparaît avec eux au Ier siècle pour ne réapparaître que quasiment un millénaire plus tard.

C'est la Renaissance qui va indirectement remettre la celtitude au goût du jour. La passion pour l'Antiquité crée alors la défiance envers l'Antiquité. En recherchant son surplus d'histoire, on découvre son manque d'historiographie, ce plus grand malheur rétrospectivement que d'avoir jadis été conquis, le vaincu ayant abandonné au vainqueur le soin d'instruire et de rédiger qui il est. Or les Celtes, ces anti-Grecs et anti-Romains, présentent l'avantage d'être méconnus et, surtout, difficilement connaissables. Qui le veut peut s'approprier la celtitude puisqu'elle n'appartient à personne. Elle existe en tant que contre-type.

Le retour des Celtes advient donc avec le regain pour l'Antiquité. Les poètes de la Pléiade font de la France l'héritière naturelle d'Athènes et de Rome. Chez les Latins, Pierre de Ronsard prise particulièrement Horace et Joachim du Bellay, Virgile. Contre leur cosmopolitisme assumé, le viril et pamphlétaire Guillaume du Bellay (un homonyme) invente une identité éternelle, une généalogie fictive, une géographie immuable, un peuple intangible. Mais les Celtes disparaissent à nouveau sous le règne de Louis XIV. Après trois siècles d'interminables palabres agrémentées de révélations invérifiables, la France n'est plus sûre de rien, si ce n'est qu'elle est héroïque. De la *Guerre des Gaules*, où les Celtes ne sont mentionnés qu'une fois, on retient certes la bravoure des Gaulois mais surtout le triomphe des Romains. Les incessantes guerres d'Italie ont nourri de latinité l'univers symbolique de la monarchie.

Louis XIV se fait représenter en César et ordonne que l'on décore Versailles des bustes des douze empereurs romains.

Le Finistère, ainsi que son nom l'indique, est loin et, avant que René Goscinny et Albert Uderzo n'y pensent, résiste. Moine cistercien, l'abbé Paul-Yves Pezron est féru de chronologies, de généalogies et de topologies qu'il mélange allégrement à partir de ses connaissances rudimentaires en histoire, en géographie et en linguistique. Son opus, *Antiquité de la nation et de la langue celtes appelez autrement gaulois*, paraît en 1703 et rencontre un immense succès qui ne va plus se démentir. Un mythe est né sur lequel Brunaux écrit : « À voir des Celtes dans toutes les régions s'étendant de l'Asie à l'Océan, et à toutes époques depuis le Déluge, Pezron établissait sans le savoir les fondements d'un mouvement intellectuel appelé à un certain succès au cours des deux siècles suivants, le panceltisme. » Un diagnostic que confirmera cet autre spécialiste qu'est Simon Pelloutier : « Le panceltisme est la croyance en l'appartenance à une communauté plus large que la nation, définie par une même origine ethnique et dont la langue et certaines traditions sont censées être la preuve. » La crédulité explique la fortune de cette fable. Naïve, elle ne manque ni de poésie, ni de charme. Si des individus préfèrent rêver leurs origines, pourquoi le leur reprocher ? Tant que la crédulité ne tourne pas à la perversité.

La sauvagerie

Alors que la Renaissance bat son plein en France et encourage la quête de racines imaginaires, de l'autre côté du Rhin, on ne fait pas mieux. Dès le XVe siècle, l'Allemagne se met à relire son destin dans *La Germanie* de l'historien latin Tacite pour qui, il y a de quoi être flatté, les tribus barbares ont été mésestimées. Issu de la génération de Vespasien qui porte l'idéal d'une Rome robuste et laborieuse, ce possible natif de Vaison-la-Romaine a compilé les sources existantes, dont les écrits de Pline l'Ancien, ainsi que les rapports et les témoignages du corps expéditionnaire. Les tribus germaines inquiètent moins l'*imperium* par leur résistance à sa puissance militaire qu'elles ne l'agacent par leur refus de son pouvoir de séduction. Elles ne veulent pas de sa civilisation supérieure.

Or, pour Tacite, les Germains sont des barbares non pas parce que leur mode de vie semble rudimentaire et ce, tout particulièrement au regard de l'urbanité romaine. Mais en tant qu'ils se trouvent réduits à transmettre oralement leur histoire. Ils ne peuvent l'inscrire sur une stèle ou un rouleau car ils ne jouissent pas d'un système d'écriture. C'est un autre qu'eux qui doit tenir la plume pour eux. Lui en l'occurrence. Mais il leur reconnaît, à l'inverse, des vertus de simplicité enviables, énumérant pour mérites la vitalité chez les hommes, la modestie chez les femmes et la frugalité commune aux deux genres. Pour le reste, Tacite dresse un tableau pour le moins sombre de cette société concurrente, de ses mœurs et de ses lois. Si une femme commet un adultère, on la rase, la dénude et la flagelle en public avant de la chasser du foyer. Les enfants grandissent sans effets et sans hygiène, dorment avec le bétail à même le sol. Les hommes se lèvent à midi, boivent jusqu'au crépuscule et se livrent à des querelles nocturnes qui se soldent souvent dans le sang et le meurtre. Pas de quoi se vanter.

Pourquoi, dès lors, ce traité antique rencontre-t-il la faveur des Allemands du XVe siècle ? Se reconnaissent-ils si vivement dans cette description qu'elle en devient rassurante ? Pensent-ils qu'elle scelle magiquement le secret originel de quelque force singulière ? Comment peuvent-ils si aisément se vouloir plutôt Germains que Romains ? Pourquoi en arrivent-ils délibérément à s'imaginer les descendants d'une culture de la paresse, de la brutalité et de l'ivresse au lieu de se concevoir les tributaires d'une civilisation de l'action, du droit et de la performance ? Certes, tous les Germains ne ressortent pas bestiaux. Et tous les Romains, géniaux. Mais subsiste des uns aux autres une différence essentielle : les premiers n'ont rien construit, les seconds ont tout bâti. Sans doute faut-il admettre qu'il existe, parmi les nations comme chez les individus, un désir irrépressible de se singulariser quoi qu'il coûte. Quitte à passer pour un arriéré.

En rédigeant *La Germanie*, Tacite invente le mythe du bon sauvage promis à une longue postérité. La vérité ne se manifesterait pas au centre, mais aux marges ; non pas dans les villes, mais dans les forêts ; non pas sur la scène embrasée d'un opéra, mais sur la rive gelée d'un fleuve où se baigneraient de conserve des divinités et des fauves. Soit la défaite de la fragile culture face à l'inextinguible nature. Autrement dit, la revanche du fruste qui dit non à la comédie des apparences. L'affaire n'est pas nouvelle. Au IIe siècle, à Carthage qui commence à être évangélisée, l'apologète chrétien Tertullien exprime en lettres de feu son dégoût pour les jeux du cirque, les théâtres et, de façon générale, les divertissements. Au XVIIIe siècle, à Genève qui reste imprégnée de l'héritage de Jean Calvin, toute représentation de n'importe quelle sorte est strictement prohibée. L'iconoclasme s'applique aussi au spectacle.

Jean Le Rond d'Alembert déplore cette détestation dans l'article afférent aux arts vivants de *L'Encyclopédie.* Jean-Jacques Rousseau s'en émeut et lui répond. Avec minutie et sans merci. Le promeneur solitaire s'est bien essayé une fois au drame, mais sous la forme qui ne surprendra pas d'un monologue didactique. La *Lettre sur les spectacles* qu'il adresse au savant humaniste consiste, elle, en une rageuse diatribe. Le défenseur de l'état de nature y condamne sans appel le théâtre, ce laboratoire duplice et dangereux de distractions futiles, tout à la fois vecteur d'immoralité, moteur de criminalité et facteur d'impunité, et il invite instamment la jeunesse à fuir cette école du vice. Rousseau ne déçoit jamais : dès qu'un plaisir se présente, il le combat. Au nom du Bien public. Ou, plus exactement, de la prétention qui le ronge à être le seul à en détenir la juste définition. Ce puritanisme orgueilleux, qui croit posséder la vérité et qui est possédé par la méchanceté, qui prêche la tolérance et qui engendre l'intolérance, est à l'origine de notre fascination pour l'humanité ignorante et barbare.

Voilà comment des constructions imaginaires, le bon Celte, le bon Germain et par-dessus tout le bon sauvage, prospèrent en dehors de la science, de la rationalité, des règles élémentaires de la logique. Elles ne relèvent pas de l'histoire, mais du mythe. Comment expliquer ce mouvement de la conscience ? Pourquoi rejeter la connaissance et lui préférer le mystère ? Que faire, enfin, dans cet appel récurrent aux sources les plus incongrues du bizarre effet de miroir qu'il offre avec aujourd'hui ?

Horace, Virgile, Tacite ont en commun le fait d'avoir inspiré la Renaissance mais aussi d'être nés et d'êtres morts à l'entour de notre ère et d'avoir éprouvé leur monde comme hanté par la possibilité de sa fin. Ils partagent la conviction de leurs contemporains que le temps de la fête est passé, que leur civilisation sombre depuis trop longtemps dans la décadence, que ses dernières heures arrivent. Ils n'ont pas de mauvaises raisons de le penser puisque, comme le montre à la perfection Raphaël Doan dans son *Siècle d'Auguste*, la multiplication des guerres a produit un effondrement démographique aggravé par une chute de la natalité. Mais survient Auguste, avec sa jeunesse, son énergie, sa détermination et sa créativité pour ainsi dire divine ou presque. Rome survivra, c'est un ordre.

La magie du redressement va opérer pendant plusieurs décennies avant que ne revienne la spirale non pas tant du déclin que du renoncement. De quoi méditer sur aujourd'hui. Pour s'apeurer ? Pour s'alarmer ? Non, rien ne se répète. Mais rien n'advient non plus de si neuf qui ne mériterait pas de regarder dans le rétroviseur. Que l'histoire offre le flanc à divers détournements n'autorise pas, sous prétexte à les démonter, à radicalement la détourner.

La pitrerie

Aurait-on du mal à le croire aujourd'hui, l'Allemagne sut montrer par le passé une plaisante et grâcieuse légèreté. C'était il y a longtemps. Le Saint-Empire romain germanique tirait son charme de la discordance entre la fiction à laquelle il tendait et la réalité à laquelle il se ramenait. Il consistait en un damier électoral de micro-États dirigés par des méga-Ducs et des sur-Éminences, entre autres titres auxquels il fallait ajouter une lettre capitale pour en comprendre l'importance, qui rêvaient d'une Rome-bis inexistante hors de leur songe éveillé. Cet ensemble incohérent frisait l'anomalie politique et l'on pouvait se demander de quel droit l'histoire avait laissé naître et subsister un tel puzzle hasardeux. Lequel, comme le dirait Voltaire, n'était « nullement saint, ni romain, ni un empire », mais se révélait de surcroît si épuisé de naissance qu'il ne subsisterait pas au choc de la modernité.

À la fin du XVIIIe siècle, avant que la Prusse ne dévale sur ce joyeux monde, de jeunes aristocrates, emplis de lassitude et pleins d'entrain, entreprennent donc de quitter cette douillette bonbonnière pour chevaucher à travers l'Europe, découvrir ses villes capitales, se délecter de leurs grâces littéraires et artistiques ainsi que de leurs fêtes monumentales. Pour s'y amuser de tout et de rien. En bref, pour s'émouvoir. L'aristocratie dépense ses ultimes deniers à voyager dans un siècle qui, déjà, ne veut plus d'elle. Cosmopolite, cette noblesse, qui ne connaît pas d'autres frontières que les branches des dynasties, plonge avec d'autant plus de gaieté dans l'insouciance que sa puissance dévisse vertigineusement. Le prince de Ligne en est le lucide représentant et ses *Mémoires*, qui égalent ceux de Giacomo Casanova, illustrent cette génération prise entre le cynisme de sa dérision et la crainte de sa disparition.

Le prince de Ligne s'astreint à transformer l'étendue du continent en un perpétuel salon. Il rit avec Marie-Antoinette, s'entretient avec Catherine II, débat avec Voltaire, correspond avec Rousseau, s'enthousiasme avec Goethe, s'émeut avec Wieland, séjourne à Versailles, part à Mons, passe par Dantzig et atterrit en Crimée d'où il écrit des lettres d'amour flamboyantes à ses maîtresses et mères de ses enfants adultérins. Mais c'est à Vienne, en 1805, après la bataille d'Austerlitz, que bascule sa destinée. Charles-Joseph de Ligne rencontre un petit homme rondouillard et bavard dont on peinerait à croire qu'il résume une époque de bouleversement s'il n'était un génie militaire et un chef visionnaire, Napoléon Bonaparte. Lui, le noble qui a été maréchal du Saint-Empire se fait diplomate de l'Empereur roturier qui est en train de façonner la nouvelle Europe.

Adieu l'émoi, bonjour l'histoire ! Le voici, dès lors, tel son ami Talleyrand, le témoin de l'effondrement d'un monde qu'il raye, superbement, d'un trait de plume : « J'ai vu les dernières magnificences de satrape qui, pour faire cent pas à cheval, était accompagné de cent palatins, starostes, castellans, cordons bleus et de quantité de princes alliés à la maison de Saxe. J'ai vu Louis XV encore avec un air de grandeur de Louis XIV et Mme de Pompadour avec celui de Mme de Montespan. Et j'ai vu tout diminuer et périr tout à fait. » Un monde mortel dans lequel nous continuons néanmoins de nous reconnaître. Un temps défunt que nous chérissons malgré tout parmi les commencements de l'idée que nous nous faisons de nous-même. L'émerveillement que nous procure l'évocation du XVIIIe siècle et de ses Lumières vaut à Vienne, Berlin, Rome, Madrid et Londres comme à Paris.

C'est en 1735 que Charles-Joseph de Ligne naît à Bruxelles. Ce qui rétrospectivement n'est pas étonnant. Cette ville ressemble à l'enfant imparfait qu'auraient pu avoir ensemble Amsterdam, Londres et Paris, les cités reines des trois empires alors les plus puissants du moment. Elle épouse leurs défauts, incarne aussi leurs qualités. Si ce n'est qu'empreinte d'une majesté à la fois morne et impressionnante, Bruxelles, avec ses immeubles quelque peu chagrins, ses dorures quelque peu funèbres, a pour particularité de sembler en permanence dire « au revoir ». En y voyant le jour, Charles-Joseph est comme invité à tourner le dos au passé du continent dans cette ville qui ne se révélera que bien plus tard un gage de son avenir.

C'est en 1814 que le prince de Ligne meurt à Vienne. Ce qui prospectivement n'est pas surprenant. Tant cette ville représente elle aussi une sorte de salutation à l'esprit européen. Sauf qu'elle en constitue le terminus puisque ce qu'il a d'occidental commence à se métamorphoser plus loin, à l'Est, en se teintant de slavité orientale. Le prince participe alors au Congrès qui réunit les vainqueurs de Napoléon, avides une fois de plus de diviser le continent en se le partageant arbitrairement. Voilà notre mémorialiste condamné à se refaire le « maître des plaisirs » des puissants. Confronté à la défaite et au désastre, il en rit, non pas par excès de frivolité, mais par défaut de vanité. Il laisse une formule célèbre, « Le congrès danse beaucoup, mais il ne marche pas », et, peu avant son décès, une prophétie macabre qui ne se départit pas d'un élégant clin d'œil : « Il manque encore une chose au Congrès : l'enterrement d'un maréchal, je vais m'en occuper. » Le monde ancien se délite, le monde moderne s'impose. La magie royale n'opère plus. Le temps du regret n'est plus. Le temps de l'honneur ne cesse pas pour autant. Il se déplace de la chronique à l'histoire. La différence est que la pitrerie narcissique n'est plus de mise. Elle servira dorénavant de matériau.

La confusion

À la veille de 1789, en conformité avec une société où Dieu désigne le Prince qui décrète la guerre, l'enseignement de l'histoire est officiel et se trouve dispensé dans les écoles ecclésiastiques et militaires, chez les oratoriens ou les dragons. Pour ce qui est de la version officieuse, le public éclairé se tourne vers les opuscules qui circulent sous le manteau. Nul ne déroge cependant à la croyance dans le progrès civilisateur. La Révolution française va poursuivre ce rêve en professionnalisant, sans le savoir, le métier d'historien. Ce sont les articles 14 et 15 de la *Déclaration des droits de l'homme et du citoyen* du 26 août 1789 qui, en déterminant l'appropriation citoyenne de la chose publique, ouvrent en même temps à l'appropriation individuelle du fait historique. En systématisant la conservation, l'organisation et la transmission des débats parlementaires, des ordonnances gouvernementales et des actes administratifs. Naissent de la sorte les archives. L'accès à la mémoire collective devient, par-là, un enjeu de découverte scientifique mais aussi un critère de liberté politique. D'où l'émergence parallèle du genre que va constituer le récit national. Les déconstructeurs s'en gaussent et le caricaturent avec outrance, leur but n'étant pas de le critiquer mais de le moquer afin de ruiner les notions d'identité, d'ordre et de sens. Mais, tout à leur volonté obstinée d'anéantissement, ils confondent historiographie et fiction.

À la différence du récit national, les cours d'histoire n'ont pas commencé sous la IIIe République. Dès le début du XIXe siècle, les manuels abondent dont la célèbre *Histoire de France* de l'abbé Louis-Pierre Anquetil, fresque chronologique des plus colorées. En dépit de son insistance à vouloir séparer l'école de la paroisse, c'est Napoléon qui, en sa qualité de Premier consul, l'a commandée. Devenu empereur, il créera en 1812 la première chaire d'histoire moderne à la Sorbonne qu'il confiera à François Guizot, le « père de l'éducation à la française », mais non sans la rattacher au département des Lettres. La France semble en avance, elle est en retard. Depuis 1504, une telle institution existe en Allemagne, à Mayence, même si les autorités du Saint-Empire romain germanique ont prudemment limité son champ d'étude aux textes classiques de l'Antiquité.

L'histoire existe en France, mais pas encore les historiens. En 1818, Pierre-Paul Royer-Collard, qui préside la commission de l'Instruction publique, instaure son enseignement dans le secondaire sans pour autant créer des postes de professeurs attitrés. Et pour cause, personne ne veut d'un passé qui serait sujet à débat. Comme aujourd'hui, les programmes sont décidés dans des ministères. À la différence d'aujourd'hui, en vertu d'une circulaire de juillet 1820, les professeurs ont interdiction d'émettre des commentaires : les faits, seulement les faits, rien que les faits. On commande certes de nouvelles histoires de France, auxquelles participe l'inconnu qu'est alors Jules Michelet, mais les manuels sont contrôlés par le Conseil royal. Charles X, ordonne ainsi un almanach bêtifiant où de stupides fariboles le disputent à une bigoterie niaise. Le plus borné et le plus incapable des Capétiens ne fait qu'aggraver l'ethnocentrisme à l'œuvre. Toutefois, enseigner une histoire sélective aux enfants est une chose, aux adultes une autre. De même structurer l'éducation publique et pratiquer la communication politique. La formalisation des programmes scolaires, terme quelque peu anachronique, doit être distinguée de l'apparition dudit « roman national ». Lequel est, de surcroît, mouvant dans ses items mais fixe dans son objet.

Napoléon Ier, originellement républicain, inscrit son règne impérial dans ceux des rois en récupérant la figure de Saint Louis. Louis XVIII, fondamentalement conservateur, réconcilie les Français de 1789 et ceux de 1815 en promouvant une monarchie humaniste, loin de l'absolutisme, proche de la vertu lumineuse d'une époque que personne ne nomme encore la Renaissance. Charles X, épris de rituels au point de se faire sacrer à Reims, favorise les représentations picturales du baptême de Clovis, le prince barbare converti à l'unicité du Christ et à l'unité de la France. Louis-Philippe Ier, esprit de concorde, marie les moments monarchique, révolutionnaire et impérial en créant au château de Versailles un musée dédié aux batailles de la France, de la victoire d'Alésia à la conquête d'Alger en passant par Jérusalem, Valmy et Austerlitz. La chute de la monarchie de Juillet, en 1848, n'interrompt pas cette quête. Napoléon III consacre Vercingétorix, ordonne des fouilles, commande une statue du héros. Sur la stèle sont gravés ces mots : « La Gaule unie ne formant qu'une seule nation, animée d'un même esprit, peut défier l'univers. Napoléon III, à la mémoire de Vercingétorix. »

Voilà l'état des lieux avant que l'histoire ne devienne une matière en soi avec ses propres protocoles, ses propres méthodes, ses propres résultats. Avant qu'elle ne devienne cette science humaine libre que la philosophie, un siècle plus tard, aimera détester et ce, d'autant plus qu'elle prendra une importance politique supérieure à la sienne. La déconstruction de l'idée nationale se montrera alors encore plus déraisonnable que la construction du roman national.

La suspicion

Dans *J'ai épousé un communiste*, Philip Roth dresse ce dur constat : « La politique est la grande généralisatrice [...], la littérature la grande particularisatrice et elles sont dans une relation non seulement d'inversion, mais d'antagonisme. Rendre la nuance, telle est la tâche de l'artiste. » Le constat se double cependant d'une constante : rares auront été les politiques sachant lire et écrire qui n'auront pas regretté de se consacrer uniquement à la littérature et plus rares encore auront été les écrivains satisfaits de leur passage en politique. Sans oublier, bien sûr, que les pires autocrates, qui aiment agiter l'oriflamme de la liberté, auront souvent été des écrivains ratés.

La France de 1789 est celle d'une floraison littéraire. Parce que l'idéal l'emporte sur l'idéologie. Mais aussi le poème sur la réglementation. Et la louange sur la dénonciation. Malheur, cependant, à celles et ceux qui ont cru en cette miraculeuse suspension. Ils n'ont pas anticipé le mouvement de balancier. La fatalité politique revient vite. Le fanatisme révolutionnaire va les offrir en holocauste sur l'échafaud du bonheur obligatoire. Olympe de Gouges ou André Chénier ont tort de poétiser, ils n'échappent pas au tribunal et sont guillotinés. Dans son roman *Les Onze*, Pierre Michon recense les nombreux auteurs de très mauvais livres que compte, sous la Terreur, le Comité de salut public.

Avec Thermidor s'efface le culte de l'Être suprême que Robespierre avait fabriqué de toutes pièces, y voyant le creuset de la régénération nationale. La répétition des rituels peut en effet appeler l'usure. Ce qui vaut pour les couples vaut pour les commémorations. Mais rien n'est plus désastreux pour la conscience collective qu'un rituel artificiel. Si ce n'est, peut-être et sans doute, comme certains le réclament aujourd'hui, l'absence de tout rituel fixe au profit de quelque expression supposément spontanée.

La République aime se montrer aux citoyens en les rassemblant chaque année, au jour dit, à heure fixe pour une cérémonie à caractère périodique. Ces convocations d'État formalisent un conformisme extravagant. Si le consentement aux règles implique l'acceptation des sanctions, il en va autrement des célébrations. Quand la cause paraît juste, c'est moins à l'État qu'à nous-même que nous obéissons, quitte à crier notre rage sous l'Arc de Triomphe encerclé par la gendarmerie. Or, les panégyriques séculiers ont prospéré à partir XIXe siècle. Après 1789, il ne suffisait plus d'exhiber un Bourbon oint du chrême et ceint d'une couronne pour figurer la France. La mutation de la représentation de l'État sous la Révolution puis le Consulat a forcé celui-ci à renouveler son appareil symbolique. Au nom d'une rationalisation pour partie fabriquée. C'est d'ailleurs là un des vices de l'histoire que son souci de la vérité ait à s'appliquer aussi à des artefacts. C'est tout le talent de l'historien de s'en débrouiller.

Rien, de ce point de vue, n'a changé depuis Plutarque et ses *Hommes illustres*. De droite comme de gauche, le mouvement de la conscience est le même : réprouver ce qu'on rejette au nom d'une vérité alternative, dénoncer une compromission dans la fête à laquelle on est invité à participer, maudire comme une injustice ce que l'on considère un oubli délibéré, une injustice instrumentale. Les déboulonnages de statues en sont un dérivé. Nos propres grands hommes seraient des imposteurs et leur imposture serait le fruit d'un mensonge planifié. Par ce biais, on prête aux puissants des pouvoirs qu'ils n'ont pas.

Il est aussi, dans la vie des peuples, une spontanéité des foules qui devient créatrice à l'épreuve du temps en raison de la naturalité qu'elle revêt. En 1825 meurt un soldat aujourd'hui oublié, Maximilien Sébastien Foy. Ce général du Premier Empire, qui a servi en Italie, en Espagne et au Portugal, est élu député en 1819 sous la Restauration. Orateur exceptionnel et politique charismatique, il devient le meneur de l'aile libérale qui ferraille contre la monarchie à la Chambre, l'éclaireur de l'opinion qui déplore l'influence des ultraroyalistes et l'animateur de la vie parisienne qui trouve en lui un chantre de l'amitié. Foy meurt de maladie le 28 novembre 1825. Deux jours plus tard, ses funérailles, annoncées par la presse dont il s'est fait le défenseur, rassemblent environ 100 000 personnes, dont le futur Louis-Philippe, Victor Hugo, Prosper Mérimée, Benjamin Constant et le marquis de La Fayette. Sur le trajet qui mène le cercueil à l'église Notre-Dame de Lorette, puis au cimetière du Père-Lachaise le peuple des ouvriers s'assemble en un cortège fourni, encadré par les pairs, les bourgeois, les députés, les officiers, les savants, les clercs qui, eux aussi, ont répondu présent. Armand Marrast, journaliste, homme politique, proche de Thiers, qui présidera l'Assemblée constituante de 1848, assiste aux obsèques : « La jeunesse, qui était aussi venue en foule à ce convoi, était cette fois consternée comme les vieillards. On fit cercle autour de la tombe. [...] Et commença l'éloge du citoyen, [de] ce sentiment de nationalité française que nos révolutions, depuis douze siècles, ont si heureusement répandu dans le sol. »

Quelques mois auparavant, Charles X a été sacré roi à Reims. Les funérailles du général Foy donnent à la République l'occasion de répondre par un rite instinctif à ce rituel suranné. Or, les journaux libéraux se sont contentés d'indiquer l'heure et le lieu de l'événement. Les foules ont fait le reste, en toute sincérité. Des couronnes civiques ont été déposées, parfois jetées sur le cercueil. De même, les épaulettes et l'épée du militaire ont été exhibées afin de rappeler la gloire de l'Empire où s'est confondu l'idéal du citoyen-soldat au service de la patrie, c'est-à-dire la Révolution et le triomphe d'une France dominant l'Europe.

Ces enterrements-contestations vont devenir une mode, sinon une habitude au XIXe siècle. Le célèbre acteur François-Joseph Talma n'a rien renié de son bonapartisme mais s'est fondu parmi les libéraux. Il meurt en 1826 et ses obsèques, le 12 octobre, provoquent le même enthousiasme que ceux de Foy un an plus tôt. L'idée que la nation française surpasse les régimes qui croient la modeler avance de façon désordonnée, mais elle avance. Quand Adolphe Thiers suggère à Louis-Philippe d'organiser une cérémonie d'ampleur pour le retour des cendres de Napoléon à Paris, il aura en tête, étant lui-même libéral, les précédents de la Restauration. Même si le halo martial sera privilégié sur l'aura impériale, ce retour, le 15 décembre 1840, constituera un ferment d'unité.

Trente ans plus tard, la IIIe République n'oublie pas la leçon. Chaque décès de l'un de ses grands partisans commande un vaste rassemblement populaire auquel le défilé de la Garde nationale ne fait jamais défaut : Ledru-Rollin en 1874, Quinet en 1875, Raspail en 1878. Rien de comparable, cependant, aux funérailles de Victor Hugo le 1er juin 1885, dix jours après sa mort. La disparition de l'auteur des *Travailleurs de la mer* donne l'occasion à la République de mettre en scène ses plus talentueux acteurs : les Français eux-mêmes. Le gouvernement ordonne à cette fin la création d'un comité où siègent, entre autres, Ernest Renan, Charles Garnier, Henri Michelin. Il souhaite rendre un hommage singulier au plus aimé des écrivains français mais veut surtout éviter que l'événement ne tourne à l'agitation révolutionnaire. La frange émeutière doit être empêchée d'agir. C'est pourquoi la cérémonie, initialement prévue le dimanche 31 mai est reportée au lundi 1er juin, décrété jour de deuil national, comme pour les obsèques de Léon Gambetta en 1882. Après trois jours d'exposition du cercueil sous l'Arc de Triomphe transformé en catafalque, le cortège s'ébranle vers le cœur de la Capitale mais, afin d'éviter les quartiers populaires, emprunte le boulevard Saint-Germain, drainant toutefois un million de personnes à sa suite. Avant d'arriver devant le Panthéon que Napoléon III a rendu à l'Église en 1851 mais qui redeviendra pour la circonstance le temple séculier de la République. Et le restera dès lors.

Les funérailles de Victor Hugo provoquent la colère des contre-révolutionnaires qui y voient une messe grotesque d'autant plus insupportable qu'elle constitue un triomphe. Ils se sentent bernés par un pouvoir qu'ils jugent illégitime et dont ils dénoncent la propension au spectaculaire. Mais ils ont surtout conscience que ces obsèques signent leur défaite car elles actent le triomphe des libertés. Néanmoins c'est bien l'amour spontané des Français pour Victor Hugo qui produit cet avènement.

Pour s'en convaincre, il suffit de se tourner vers Léon Daudet tout à la fois monarchiste, réactionnaire et antisémite. Le fils aîné d'Alphonse, lui-même proche de Drumont en dépit de ses *Lettres de mon moulin*, distille une littérature venimeuse qui en fait le précurseur d'une typologie dont relève par exemple Louis-Ferdinand Céline. Celle des écrivains que « personne ne devrait lire » et que tout un chacun s'empresse de lire. Il est aussi un critique littéraire reconnu, ami de Flaubert, des Goncourt, du docteur Charcot, qui découvre Proust, rencontre Wilde, fréquente Maupassant et épouse la petite-fille de l'auteur des *Misérables*, Jeanne. Mauvais homme mais bon mémorialiste, il déverse son fiel dans ses *Souvenirs* où il se moque des obsèques de Hugo tout en ayant l'honnêteté d'admettre que, pour surjouées qu'elles furent par le pouvoir, elles manifestèrent l'affection du peuple. Mais cette émotion-là, parce qu'elle est authentique et créatrice, n'intéresse précisément pas les sophistes.

La mésintelligence

En 1879, le modéré Jules Grévy succède au tempétueux Mac Mahon à la présidence. Un an plus tard, la Chambre des députés est majoritairement composée de républicains. L'État est enfin prêt à se restructurer. Il se choisit un hymne le 14 février 1879, *La Marseillaise*, et une fête nationale, le 14 juillet, en référence à la prise de la Bastille en 1789 ainsi qu'à la fête de la Fédération en 1790. En cette dernière occasion, plus de 100 000 personnes avaient défilé sur le Champ-de-Mars devant le couple royal dont plus de 14 000 soldats, les bannières de leur département flottant au vent. Or les guerres des coalitions européennes contre la Révolution n'avaient pas débuté et nul danger ne pointait aux frontières. Faut-il déduire de cette démonstration armée en temps de paix, quand bien même fragile, que le militarisme serait un trait saillant de la France, inhérent à son tempérament ?

Dans *Le Roi de guerre*, l'historien Joël Cornette éclaire la mutation de « la souveraineté dans la France du Grand Siècle ». Il montre comment la centralisation de l'État, inchangée depuis, s'est accélérée en raison de l'incarnation des conflits dans la personne du Prince. Plus encore que de l'ordonner, Louis XIV fait la guerre et l'iconographie suit, le représentant en combattant suprême. La légitimité de son règne, la définition de sa puissance, le symbole de sa domination s'illustrent, esthétiquement du moins, sur les champs de bataille. Si ses prédécesseurs n'étaient pas des exemples de pacifisme, ils étaient conscients du caractère périlleux des engagements militaires pour la stabilité de la couronne et ils accordaient à la justice une place de choix parmi les vertus éminentes et les gages de postérité. Le Roi-Soleil marque, de ce point de vue, une rupture qui, par ailleurs, est commune à toute l'Europe moderne : la militarisation du pouvoir civil sert de paradigme à la structuration du gouvernement autoritaire. Ce qui, paradoxalement, fragilise la monarchie. La contestation de l'absolutisme n'en sera, dès la fin du XVIIe siècle et au long du XVIIIe, que plus grande.

L'idée de belligérance n'en imprègne pas moins, et durablement, la mentalité populaire. Pérégrinant dans le Gard lors de l'été 1787, visitant le marché de Nîmes, le Britannique Arthur Young relève, dans ses *Voyages en France*, le soin que mettent les parents à préparer leurs enfants à devenir des soldats, singulièrement chez les hommes du commun et note : « N'y a-t-il pas assez d'esprit militaire dans ce royaume, où eux-mêmes sont exclus des honneurs, de la considération et des bénéfices venant du sabre ? » Ce commentaire d'un Britannique, qui vient d'un pays où le commerce est la quintessence de la suprématie, explique en partie la future tolérance des Français au coût humain des guerres de la Révolution et du Premier Empire qui avoisinera le million de morts.

Que se sera-t-il passé entretemps ? En octobre 1789, quand les Parisiens se rendent à Versailles pour réclamer le retour du roi à Paris, que demandent-ils ? Un prince de plein exercice, c'est-à-dire qui a par sa naissance vocation, et par son couronnement métier, de les protéger. Hélas, ils ne soupçonnent pas l'état d'hésitation qui paralyse le pouvoir. D'où l'explosion. Elle est moins due à une éruption émotionnelle qu'à une conscientisation lucide. Louis XVI a laissé tomber le glaive magique. Il faut un nouveau principe souverain qui aille le ramasser dans la poussière. Ce surmoi guerrier ne quittera plus le pays et, symptomatiquement, les chefs de l'État au XIXe siècle, qu'ils soient rois, empereurs, présidents, arboreront sur leurs portraits officiels fourragères et épaulettes.

La première fête nationale a donc lieu le 14 juillet 1880. La IIIe République offre au peuple français ce qu'elle pense qu'il préfère : des chandelles dans le ciel, des tablées sur les places, des soldats dans les rues. Depuis le règne de Louis XIV, la scène est réglée : feux d'artifice tirés dans les jardins, interminables festins dotés d'une succession invraisemblable de mets, ballets d'officiers en uniformes chamarrés. Le tout, hier, aujourd'hui, demain, pour réjouir les plébéiens accourus des provinces. Et éblouir les ambassadeurs venus du monde entier. Quand on y réfléchit, la France est drôle. La pyrotechnie, la gastronomie, l'artillerie la rassurent. Elles y sont signes d'appétit de la vie. Pour autant, s'épater en simplet d'un bouquet de fusées ou se régaler en glouton d'un bouquet de crevettes n'est pas suffisant. La conscience que l'histoire est tragique rôde autour de la fête.

Ce 14 juillet 1880, à Longchamp sont rassemblés les régiments qui ont été enfin reconstitués après avoir été écrasés dix ans plus tôt, lors de la défaite face à la Prusse. S'ensuit une triomphale distribution de drapeaux. Le *Figaro* du 15 juillet consacre sa une à l'événement non sans s'amuser de l'engouement qu'il a suscité : « Ainsi qu'il advient toujours en pareilles circonstances, c'est-à-dire lorsqu'on montre des soldats aux Parisiens sur un hippodrome admirable et que le soleil daigne jeter son manteau d'or sur les uniformes, la foule était considérable. » Il s'agit bien d'une représentation officielle. Elle ressort de l'imaginaire mais ne procède pas de l'arbitraire. Elle symbolise de manière ordonnée ce que les Françaises et les Français ont vécu de façon désordonnée. L'exercice consiste en une formalisation culturelle d'habitudes naturelles. Le pouvoir, dès lors qu'il n'est pas coercitif et qu'il soit sincère ou insincère, se contente d'orchestrer la société d'après des règles qu'elle lui inspire. Il n'y a que la mésintelligence de la nécessaire incarnation du fait humain pour s'entêter à le nier.

3

Le rempart des écrivains

La satire

Il y a plus d'un siècle, les écrivains pouvaient afficher l'ennui que leur causait la quincaillerie des rappels à l'ordre déversés sur une France qui n'avait plus le droit de penser qu'en fonction de ce qui était séant et de ce qui ne l'était pas. Un pays avait perdu la guerre ; il se sentait humilié. Un régime devait affermir son pouvoir ; il en a profité. Comment affronter la honte autrement qu'en se détournant de sa cause ? Les hommes politiques de la IIIe République auraient-ils pu faire mieux ? Sans doute. Auraient-ils pu faire autrement au regard des circonstances ? Ils ont été au plus vite en s'appuyant sur les instincts cocardiers les plus évidents d'un peuple menacé de dépression collective.

Cela dit, l'atmosphère n'est pas alors propice à l'intelligence critique et les intellectuels qui veulent s'y adonner en souffrent. Remy de

Gourmont est de ceux-là. Signe imparable, cet écrivain provincial, audacieux, travailleur et courageux, finira vilipendé par ses anciens amis mais éternels méchants Claudel et Gide. L'homme aime fonder des périodiques, *Le Mercure de France* (avec d'autres), *L'Ymagier* (avec Alfred Jarry), *La Revue des idées* (seul), mais aussi provoquer. Il publie en 1891, dans la première d'entre elles, « Le Joujou patriotisme », article brillant et brave où il déplore l'obsession que cause la perte de l'Alsace et de la Lorraine et qu'instrumentalisent éhontément les gouvernants. Il regrette la France d'antan, fondée sur « le désintéressement supérieur qu'elle éprouva tant qu'elle fut une nation spirituelle et de haute allure » : « Dépurons-nous de ces humeurs ; prenons quelques pilules de dédain qui fassent issir par les voies naturelles ce virus nouveau dénommé : patriotisme… Nouveau, oui, sous la forme épaisse qu'il assume depuis vingt ans, car son vrai nom est vanité : nous sommes la civilisation, les Allemands sont la barbarie… Oh ! » Sa sortie provoque, on l'aura deviné, un tollé.

Le gouvernement d'alors ne plaisante pas. Le profanateur est destitué de ses fonctions d'attaché à la Bibliothèque nationale. Le ton de la lettre de révocation est confondant : « L'administrateur général a le regret d'informer M. de Gourmont qu'il lui serait impossible de soumettre à l'approbation ministérielle des états sur lesquels figurerait la signature de l'auteur d'un article inséré dans le dernier cahier du *Mercure de France*. » Et puisqu'il n'est pas permis d'être écrivain quand on est un mauvais Français, il n'est pas non plus permis d'être lecteur. Fin de la lettre : « M. de Gourmont est invité à restituer sans délai les volumes qu'il peut avoir empruntés à la Bibliothèque nationale. »

Or, si le « joujou patriotisme » fait mouche, c'est qu'il s'appuie sur un juste inventaire des réalités. Gourmont souligne l'empire des prussiens Kant et Heine sur les universités hexagonales, demande à ses détracteurs s'ils donneraient leurs « précieuses peaux pour joindre à la France la Wallonie belge ou la vallée de Lausanne, pays, ce me semble, un peu plus français de langue et de race que les bords du Rhin ? », et note que « personne n'aboie contre les Anglais, qui détiennent les îles Normandes, et le lointain, mais clairement français, Canada, province d'outre-mer, mais aussi nettement province de la France que les Charentes ou la Picardie ». Tous les idiots de Paris se précipitent dans la presse pour s'indigner et attaquer l'impie. Seul Octave Mirbeau prend sa défense dans *Le Figaro*.

Gourmont n'est pas le seul à trouver intolérable les sermons du moment. Les pompes républicaines trouvent leur contempteur en Laurent Tailhade, l'une des grandes voix anarchistes de la fin du XIXe et du début du XXe siècle. Cet ancien monarchiste passé à l'autre bord, polémiste et duelliste acharné, va jusqu'à justifier les actes terroristes et n'hésite pas à déclarer après un attentat à la Chambre des députés en décembre 1893 : « Qu'importent quelques vagues humanités, si le geste est beau ! » Quelques mois plus tard, il est lui-même victime d'une bombe qui ravage le restaurant Foyot où il dîne et qui lui cause la perte d'un œil, mais sa véhémence ne varie pas.

Ses *Poèmes aristophanesques,* qu'il publie en 1904, concentrent sous forme satirique ses exécrations de l'État, de l'armée et de la religion. Assimilant la pompe républicaine à un pastiche délibéré des jeux romains du cirque et destiné à subjuguer un peuple crédule, il la ridiculise en vers dans « Fête nationale », ode à la débauche populacière : « Le quatorze juillet et ses chevaux de bois, / Ses guiches, où les bons zigues, saouls de pivois, / Étreignent, pour l'en-avant-deux, leurs maritornes, / Tandis que les cocus vont aérant leurs cornes, / Me charment. »

Par-delà ses provocations et saillies, Laurent Tailhade est un avatar de l'alliance tacite entre les héritiers de Proudhon et les légataires de Bonald. Les anarchistes, sur un mode plus politique, et les monarchistes, sur un mode plus mystique, ont en commun le procès en légitimité qu'ils font à la République. Ils l'accusent d'être le masque d'une bourgeoisie usurpatrice, avide, cupide qui a annihilé soit la solidarité populaire, soit la gravité aristocratique, qui défend des valeurs faussement vertueuses pour asseoir sa domination et pour excuser son addiction au jeu des ambitions égoïstes. En bref, un régime médiocre dirigé par des médiocres pour des médiocres. D'où, au hasard des circonstances, leur front commun. Souvent oratoire et littéraire. Parfois tragique et meurtrier.

Une chose est certaine : la Révolution française ne suffit plus à justifier la IIIe République. La misère croissante des ouvriers, l'enrichissement exponentiel de certains, la fragmentation idéologique des partis, la montée des défiances populaires minent l'unité nationale. Il faudra la Grande Guerre pour rallumer le feu de l'union. Dans *La France* du 11 novembre 1914, Rémy de Gourmont, foudroyé par la maladie, écrit : « Mourir pour la patrie, j'ai cru longtemps que ce n'était là qu'une romance guerrière, mais voilà que je ne sais que trop que c'est la plus poignante et la plus noble des réalités. » Au même moment, Laurent Tailhade, bien que sexagénaire, demande au ministère de la Guerre d'être enrôlé sur le front, lui aussi au nom de la patrie.

L'audace

Dans le romantisme se rencontrent deux traits de la France, la rixe et la séduction. Des jeunes gens veulent faire la guerre à la laideur et se montrent prêts à mourir pour le bon goût. Ils regrettent sans trop savoir pourquoi la gloire de l'Empire et prennent prétexte de la paix retrouvée pour quérir de nouveaux conflits. Ils aiment tant leur jeunesse d'ailleurs qu'ils continueront d'y croire une fois devenus vieux. Théophile Gautier aura été le premier de ces capitaines Fracasse. Il aura vécu pour le plaisir de s'en souvenir et aura finalement écrit un chef-d'œuvre avec son dernier livre, un volume de Mémoires paru en 1874 à titre posthume. Son *Histoire du romantisme* vaut mieux que n'importe quelle monographie sur le XIXe siècle. Ce n'est pas une suite de souvenirs, mais un défilé d'admirations envers des écrivains et des artistes dont les fantômes reprennent vie sous sa plume.

Pour Gautier, l'agitation politique n'a d'intérêt que transfigurée dans le domaine esthétique. À ses yeux, un poète vaut mieux qu'un général et sans doute plus qu'un maréchal. Pourtant, il n'est pas épargné par le surmoi martial de son époque. Hugo, Musset, Vigny, Stendhal, Balzac, Chateaubriand, et même Lamartine à ses heures perdues, mettent en scène, maudit ou regretté, Napoléon. Gautier, qui prétend l'avoir aperçu à l'âge de quatre ans, en parle peu. Sauf, comme dans *La Belle Jenny*, pour imaginer le sauvetage de l'exilé à Sainte-Hélène. L'Antiquité, le Moyen Âge, la Renaissance, le Grand Siècle, la Révolution française, dont il dit bien du mal, l'occupent. Mais pas l'Empire. Pourtant il se fait une conception bonapartiste de l'existence, de la littérature, du pavé parisien ou du voyage oriental.

Théophile Gautier décrit sa vie, ses élans et ses détestations comme s'ils avaient pour cadre un champ de bataille. Touchant fantasme puisqu'en réalité il passe son temps à salonner chez la princesse Mathilde où il prouve sa qualité innée de courtisan. À ce fantassin sans baïonnette, ce dragon sans cheval, cet artilleur sans canon, il faut un chef de guerre qui se nomme, à l'évidence, Victor Hugo. Dans son ample imagination, il lui attribue la place qui revient à Napoléon au tréfonds du cœur d'un rescapé de la Bérézina : « Jamais Dieu ne fut adoré avec plus de ferveur qu'Hugo. Nous étions étonnés de le voir marcher avec nous dans la rue comme un simple mortel et il nous semblait qu'il n'eût dû sortir par la ville que sur un char triomphal traîné par un quadrige de chevaux blancs, avec une victoire ailée suspendant une couronne d'or au-dessus de sa tête. »

Cette tendance à d'augustes rêveries l'a mené, bien étrangement, à une conception de l'histoire fondée ultimement sur la fureur. Il faut revenir à l'ambiance de l'époque pour comprendre ce retournement. L'heure est à l'idéalisation de François Ier, mais il y va d'un subterfuge qu'ont façonné Louis XVIII et ses publicistes. Il leur paraît inimaginable, trente ans à peine après la Révolution, d'inscrire la monarchie dans le mélange d'absolutisme et d'impuissance qu'elle a donné à voir durant la décennie 1780. Instaurer l'image d'une monarchie constitutionnelle invite à restaurer l'icône d'une monarchie humaniste. Et à exalter les vertus artistiques et aventurières que l'histoire populaire lui prête. Le passe-passe a-t-il bien fonctionné ? Pas si sûr.

Si les romantiques abhorrent le classicisme, ils se méfient de l'humanisme issu de la Renaissance, à tout le moins de l'idée que l'on s'en fait alors. Théophile Gautier écrit ainsi à propos d'Eugène Delacroix : « On avait tellement abusé des Grecs et des Romains dans l'école décadente de David qu'ils étaient en complet discrédit à cette époque. La première manière de Delacroix fut donc purement romantique, c'est-à-dire n'empruntant rien aux souvenirs ni aux formes de l'Antiquité. » Cet avis sentencieux ne l'empêche pas de se revendiquer, à l'instar de ses émules, d'une renaissance rééditée et radicale. L'Empire a dévoyé l'esthétique en la mettant au service du pouvoir. Voilà pourquoi une génération veut rompre avec la logique impériale. Quoiqu'en recouvrant la gloire impériale. Ce qui n'est pas simple, il faut en convenir. Et ce, d'autant plus lorsque cette ambivalence vaut également à l'égard de la Révolution.

« Nous voulions la vie, la lumière, le mouvement, l'audace de pensée et d'exécution, le retour aux belles époques de la Renaissance et à la vraie Antiquité, et nous rejetions les compositions pareilles à des groupements de mannequins que l'Empire avait léguées à la Restauration », proteste Gautier qui n'est ni réactionnaire, ni révolutionnaire mais qui, comme toute personne intelligente, peine à tolérer le conformisme de la grossièreté promue intelligence et s'en exaspère au point de se rebeller. On ne peut ici qu'à nouveau le citer : « Nous n'étions pas dilettantes de Saint-Just et de Maximilien de Robespierre comme quelques-uns de nos camarades qui posaient pour les Montagnards de la poésie, mais plutôt Moyen Âge, vieux baron de fer, féodal, prêt à nous réfugier contre l'envahissement du siècle, dans le burg de Goetz de Berlichingen, comme il convenait à un page de Victor Hugo de ce temps-là qui avait aussi sa tour dans la Sierra. » Mais là est précisément la contradiction : en attendant de se retirer dans un ermitage, mieux vaut chez François Ier, à tout prendre, la furie des guerres d'Italie que le maniérisme des châteaux de la Loire.

Y aurait-il eu, au XIXe siècle, une troisième voie entre progrès et réaction ? Les jeunes gens des années 1830 désirent l'affranchissement de la liberté et regrettent le joug de l'absolu. Leur temps doit sa mélancolie à ce malentendu. Et la présente emprise de l'affect provient aussi de là, de cette fatigue qui ne laisse de place qu'au repli calculateur ou au déchaînement furieux. On comprend comment le sentiment a fini par supplanter le raisonnement : la modernité est devenue prosaïque ; l'antan, poétique.

L'enracinement

La centralisation de l'administration, l'unification du territoire, la systématisation de la langue, l'harmonisation du droit, toute cette logique d'État fait la pérennité de la France parce qu'elle a été initiée par l'Ancien Régime avant d'être architecturée par la Révolution et l'Empire puis achevée par la République. Cette édification millénaire aujourd'hui pacifiée n'a pu aller sans violence et contrainte par le passé. Ce qui ne constitue pas une raison de vouloir frénétiquement la saborder à l'orée du XXIe siècle car elle constitue la garantie de nos libertés.

En 1789, un quart des habitants du royaume ignore le français. Un dixième d'entre eux le parle avec aisance. C'est pourquoi les constituants de 1790 ordonnent la traduction de leurs décrets dans chaque langue régionale. Quatre ans plus tard, en 1794, sous la Convention, sonne l'heure de la Terreur linguistique. En juin, l'abbé Grégoire rend son

« rapport sur la nécessité et les moyens d'anéantir les patois et d'universaliser l'usage de la langue française ». En novembre, Lakanal annonce la création de 24 000 écoles primaires pour mener à bien ce projet. Et Barère de dénoncer les parlers ennemis : « Le fédéralisme et la superstition parlent le bas-breton, l'émigration et la haine de la République parlent allemand, la contre-révolution parle italien et le fanatisme, basque. »

Par effet de compensation, l'aventure de Napoléon transporte l'ici dans l'ailleurs. Une fois l'empereur déchu, la nostalgie des triomphes de la Grande Armée favorisera un bonapartisme des campagnes dispensé par les milliers d'anciens combattants reconvertis en journaliers et devenant les mascottes des provinces engourdies. Aussi, pour un temps, régionalisme va-t-il souvent rimer avec conservatisme. La représentation de la famille consacrée par le Code civil reflète moins les mœurs du bourgeois urbain que du travailleur rural. Ce que corrobore Marie-Julie Cavaignac en dressant l'éloge du « mari et père qui gagne » dans ses *Mémoires d'une inconnue*. Il en va pareillement pour l'économie. La consécration de la propriété privée est liée à la pérennisation de l'acquisition des biens nationaux. Or, à l'image du

Félix Grandet de Balzac, les paysans en ont été les premiers promoteurs.

Le rouleau compresseur a passé. Ainsi que les souffrances en résultant. Dès les années 1830, les provinces s'essaient à trouver une vigueur renouvelée en exhumant leur folklore grâce à une floraison d'enseignements et de publications. Mais il faut attendre la fin du XIXe siècle pour qu'elles se manifestent. Elles ne se réveillent pas alors d'un long sommeil, comme il a pu se dire, puisqu'elles ne s'étaient pas endormies, mais elles désirent désormais se signaler. Après tout, elles ont considérablement contribué à l'épanouissement de la nation dont elles n'entendent d'ailleurs récuser ni l'unité, ni la primauté. Elles demandent à pouvoir parler leur langue, promouvoir leur patrimoine, prôner leur terroir. C'est-à-dire renouer avec leurs racines. Ce que l'on ne saurait confondre avec un quelconque désir de revanche.

Elles vont trouver leurs premiers chantres chez les poètes. À commencer par Paul Verlaine, pourtant l'archétype du promeneur de Paris à l'instar de François Villon. C'est d'ailleurs au cœur de la capitale, au café Le Procope, qu'il donne une conférence à leur sujet le 19 mars 1894. Récemment retrouvée au terme d'une enquête palpitante, son intervention a paru en intégralité dans le volume talentueusement édité par Patrice Locmant sous le titre *Les poètes du Nord*.

Ce soir-là, donc, Verlaine a rendez-vous avec la société anacréontique des Rosati. Fondée à Arras à la fin du XVIIIe siècle, cette compagnie placée sous le patronage du poète grec antique Anacréon s'adonne, comme son illustre modèle, aux plaisirs de l'écriture et de la vigne. Né à Metz, Verlaine se veut d'esprit résolument boréal, aussi calaisien que mosellan, et se définit d'autant plus facilement comme un « compatriote » des Rosati qu'il a projeté d'écrire un livre en prose sur le berceau de leur association. Il nous en reste le liminaire, propre à nous faire regretter de ne pouvoir en connaître la suite. Mais cet éloge inattendu d'Arras participe de l'esprit militant que dévoile la conférence.

Verlaine note d'abord combien l'époque peut être « un peu lasse, à la fin, d'unité plus ou moins factice et d'effacement graduel parmi les soi-disant conquêtes sociales de l'État, au nom de l'État, et pour l'État ». Lui préfère placer au pinacle « la Patrie » et, « au-dessous », disposer « les patries » sans les opposer, au contraire, mais en faisant siennes « les protestations toutes pacifiques et néanmoins très nettes » des provinces

« contre la trop grande centralisation parisienne » et singulièrement parmi les « provinciaux » des « artistes ». Et puisqu'il est question d'eux, le voici à égrener les mérites littéraires de la poétesse Marceline Desbordes-Valmore, née à Douai, et du critique Charles-Augustin Sainte-Beuve, né à Boulogne-sur-Mer.

La guerre entre la périphérie et le centre n'aura pas lieu cette fois et, dans tous les cas, n'aura pas Verlaine pour recrue. Non seulement le poète est régionaliste de cœur, mais encore il récuse le régionalisme d'embrigadement. Il ne faut pas compter sur lui pour ériger une politique des humeurs. En revanche, il sait saluer l'histoire. En témoigne, dans le recueil *Jadis et naguère*, « Le Soldat laboureur » consacré à un ancien combattant de la Grande Armée et qui célèbre son épitaphe : « De plus, suivant le vœu dernier du camarade, / On grava sur la pierre, après ses nom et grade, / Ces mots que tout Français doit lire en tressaillant : "Amour à la plus belle et gloire au plus vaillant". » Jamais la France ne se confond avec la Belle au bois dormant.

La gratuité

La littérature pressent ce que la politique endure et, en matière de révolution, les écrivains sont souvent bons prophètes. En cette fin du XIXe siècle, la crise de la raison qui hante les esprits ne leur a pas échappé. Le temps du bilan est arrivé. Il prend l'allure d'un fort volume, *Enquête sur l'évolution littéraire,* que publie en 1891 le journaliste Jules Huret. Sur plus de trois cents pages défilent, profonds, piquants, vaniteux, brillants, inattendus Paul Adam, Maurice Barrès, François Coppée, Anatole France, Edmond de Goncourt, Remy de Gourmont, Stéphane Mallarmé, Guy de Maupassant, Catulle Mendès, Octave Mirbeau, Sully Prudhomme, Ernest Renan, Henri de Régnier, Paul Verlaine, Émile Zola, pour citer les plus célèbres, répartis en des catégories souvent pertinentes mais parfois surprenantes, dont « psychologues », « mages », « décadents ».

De sensibilité socialiste, passionné par la question ouvrière, proche de Jean Jaurès, Huret est aussi bien un précurseur du journalisme de terrain, prêt à se rendre sur les lieux des grèves pour interroger les ouvriers et les patrons, qu'un précurseur du journalisme littéraire d'entretiens, prompt à laisser disserter les écrivains. Or cette enquête révèle quelques traits communs et significatifs chez les représentants de cette génération fin de siècle. D'une part, le net refus des cadres, des écoles, des genres et autres typologies. D'autre part, le profond désintérêt pour les auteurs des générations immédiatement précédentes et qui sont aujourd'hui tenus pour considérables, dont Chateaubriand, Constant, Lamartine, Musset. Enfin, la large impunité accordée à la difficulté, voire à l'hermétisme. Une génération rêve d'obscurité et d'enfouissement un siècle après le triomphe des Lumières. Non pas d'un point de vue philosophique, mais au sens d'un écosystème esthétique. Quelque chose comme une révolution artistique qui serait d'ordre religieux ? Peut-être. Zola fait les frais de Mallarmé. Claudel et Bernanos ne sont pas si loin dans le temps et ils participeront de ce mouvement. La réaction littéraire précédera ainsi la réaction politique.

Le symbolisme est un des avatars du triomphe annoncé des émotions. Il découle d'un désir qui est collectif sans être pour autant concerté, celui d'arrêter de comprendre, d'expliquer. Il n'y va pas d'une incidence théologique, d'un clin d'œil au mystère ou à la métaphysique. Mais d'une suspension, d'une contemplation. D'un presque rien. L'erreur des Lumières n'aura pas été son ambition, haute et belle, mais l'ignorance de ses limites, puisque tout est limité par nature, tout est né pour disparaître et être remplacé. Et que tout, un jour, fatigue, ennuie, saoule. Sommes-nous moins heureux, moins émus, moins impressionnés par *Jamais un coup de dés n'abolira le hasard* que par l'ultime scène de la bataille de Bazeilles dans *La Débâcle* ?

Le volume de Huret refermé, le verdict est clair. Ces littérateurs de la fin du XIXe siècle ne nous disent pas de renoncer à l'intelligence au profit de l'émotion, de remettre en cause la science, de destituer le savoir mais de rétablir la fonction suprême de l'activité humaine : l'inutilité de la pensée pour la pensée, la gratuité de l'écriture pour l'écriture, le désintéressement de l'histoire pour l'histoire.

L'engagement

L'amitié qui a lié Georges Clemenceau et Claude Monet reste d'une singularité stupéfiante. On a beau la savoir, on ne s'en remet pas. Un peu comme si Bonaparte avait passé son temps libre avec Stendhal, le personnel de la Malmaison murmurant : « Ayant vu Monsieur Beyle, le Premier consul sera de bonne humeur. » Si ce n'est que Napoléon n'avait pas d'ami, qu'il ne pouvait ou ne voulait pas en avoir.

C'est à Paris, au début des années 1860, que Clemenceau, qui termine sa médecine, et Monet, qui a commencé à peindre, se rencontrent. Ils ont, à un an près, le même âge, la vingtaine, et nombre d'amis communs. Mais il vaut mieux lire l'évocation du second par le premier : « C'est au Quartier Latin que je fis sa connaissance. Mes aventures de l'hôpital à Mazas me tenaient fort occupé. Il peignait je ne sais où. Nous fûmes vite en sympathie [...]. À deux camarades, il avait donné quelques marines. Déjà l'on se disait avec une pointe d'orgueil : c'est du Monet. Et ces paroles avaient un sens, car elles exprimaient l'étonnement, l'admiration même d'une brosse hardie, encore inexpérimentée, mais probe dans l'exécution, et prompte dans la mise au point de sa volonté. »

Ces lignes sont tirées des *Nymphéas*, un essai de Georges Clemenceau consacré à Claude Monet en 1928, deux ans après la mort du peintre. Plus qu'un hommage dont son auteur sait que l'illustre défunt ni n'a, ni n'aura besoin, c'est une lettre à un ami disparu, une sorte de confession sur l'esthétique, l'action et la façon dont les hommes marquent ou non l'histoire. Or, Clemenceau juge Monet génial en ce qu'il a toujours refusé d'être raisonnable. Mais Clemenceau lui-même, en rien un artiste, est un politique d'une rare intelligence car, précisément, il ne valorise pas la mesure. Il croit en l'effort et se méfie de l'espoir. Il se plie au réel et se défie de l'imaginaire. Il refuse les vérités alternatives et, ainsi, gagne la guerre.

Neveu de Jules Ferry, que Clemenceau a justement mouché pour son pseudo-rationalisme de la colonisation « civilisatrice », le député des Vosges Abel Ferry devient le 14 juin 1914 sous-secrétaire d'État aux Affaires étrangères. Ce passionné de diplomatie trouvera la mort au front, comme combattant, le 15 septembre 1918. Entre ces deux dates, il tient un journal intime où il retranscrit, au jour le jour, la chronique du pouvoir. Ses *Carnets secrets* offrent ainsi une histoire de la guerre vue depuis la bureaucratie. Les portraits abondent. Poincaré, intelligent, volontaire, mais réduit à l'impuissance. Joffre, dangereux, calculateur, essayant de s'affranchir du joug civil. Des ministres impréparés, des généraux obsidionaux, des députés veules qui craignent tous de porter la responsabilité de la défaite. Que des médiocres et satisfaits de l'être.

Dépourvus de l'instinct de survie parce que privés de l'idée de grandeur.

Abel Ferry n'aime pas Georges Clemenceau, un ennemi « personnel » de sa famille, mais il lui reconnaît un courage, une fermeté et une brutalité que les autres n'ont pas et qui sont indispensables à la victoire. Clemenceau ne respecte pas les règles, ne se soumet pas à la prudence, ne concède rien à l'esprit procédural. L'animent au contraire le goût du combat, le désir de vaincre, l'amour de la liberté. Le « Tigre » est vraiment une bête, au sens supérieur du mot. Ferry écrit : « Il est une force par ce que la France a mis en lui. Il sait vouloir. Voilà qui le distingue de la génération d'arrivistes d'entre les deux guerres, qui a nous a gouvernés depuis quatre ans. Bref, il est le plus capable de nous mettre dans les pires situations, mais le plus capable aussi de nous en tirer. » Ce qu'on appelle donc un grand homme, un être qui ménage les émotions qu'il éprouve et les utilise au service des vertus auxquelles il adhère.

Constat inouï, la France officielle décrite par Ferry n'avait aucune hauteur de vue sur la mutation en cours de la guerre, ne tirait aucune conclusion de la violence des champs de bataille, ignorait l'horreur de la boucherie et rêvait qu'à la fin la courtoisie reprendrait ses droits dans les chancelleries. En réalité, la civilité avait abandonné l'Europe entière et il n'y avait, pour résoudre le conflit, rien à tirer de cette civilisation qui, à force de se penser supérieure, se vautrait dans les ténèbres. Clemenceau avait compris que les règles du jeu étaient suspendues et que la barbarie avait recouvert le continent qui s'était cru à la proue du monde et de l'histoire.

Oui, les grands hommes sont bien souvent les premiers à percevoir le chaos là où les médiocres se contentent de leçons rassurantes mais périmées. Louer le « père la victoire », c'est célébrer l'humanité rudimentaire, celle qui relègue aussi bien les émotions que les ratiocinations au rang de convenances afin de déchaîner la puissance de la vie.

La mémoire

Est-il rien de plus odieux qu'un mauvais souvenir, si ce n'est un souvenir heureux quand ce dernier vient à tyranniser le présent au nom du passé ? Il nous empêche de vivre autrement que par comparaison, nourrit l'illusion d'un âge d'or et nous invite à envier la félicité des poissons rouges. Le remords et le regret nous sont des souffrances. Aussi quel doux fantasme nous paraît l'amnésie totale ! Cette plaie individuelle de l'ineffaçable qu'il faut porter jusqu'à la mort s'applique collectivement aux nations et aux cultures, aux empires et aux civilisations. L'histoire en est l'antidote. Elle permet aux peuples de dépasser leur malaise nostalgique, d'effectuer leur introspection critique, de négocier autrement leur destinée.

C'est parce qu'elle s'expose au chaos émotionnel que l'humanité a préféré domestiquer la mémoire en créant l'histoire, en imaginant des protocoles de recherche, des règles de pensée, des lieux d'enseignement comptant comme autant de passeports préparatoires à l'exploration d'une contrée dangereuse. La mémoire et l'histoire s'opposent-elles pour autant si radicalement ? Sans la première y aurait-il la seconde ? Le fait est que la mémoire ne relève pas seulement de la sensibilité, l'histoire uniquement de la rationalité. Elles sont moins contradictoires que complémentaires.

Le sujet est tellement sensible que *14-18, retrouver la guerre* de Stéphane Audoin-Rouzeau et Annette Becker n'a pas manqué de susciter de vifs débats. Unissant les témoignages, assemblant les savoirs, tous deux ont mené une vaste enquête dans les domaines politique, militaire, sociologique, littéraire, psychanalytique pour mesurer le souvenir des tranchées à la chronique de la violence et interroger le « retour spectaculaire de la Grande Guerre dans la conscience collective française », non sans prévenir dès la première page qu'« au nom du "devoir de mémoire" » est souvent advenu un « oubli fréquent du "devoir d'histoire" ». Plus l'événement s'éloigne, plus l'empreinte s'accroît. Pourquoi ? Parce qu'au fil du remplacement des générations, la commémoration supplante le trauma. Les drames individuels ont été sommés de disparaître derrière l'intérêt national. Reste, en conséquence, la difficile question du deuil qui subit alors l'interdiction de se prolonger.

L'histoire officielle des peuples a ainsi pour effet, si ce n'est pour but, de contraindre l'imaginaire des personnes. Éduquer les citoyens à chanter un même hymne, à se recueillir devant les mêmes monuments, à vénérer les mêmes héros est une chose, vouloir modeler et contrôler leur intériorité en est une autre. À la différence de la mémoire collective, la mémoire individuelle est réticente à la puissance publique. Surtout, comme le pointent Audouin-Rouzeau et Becker, lorsque la sensibilité personnelle confine à la souffrance psychique. Après 1918, les soldats tombés au front sont recensés, comptés, commémorés dans chaque village de France, ce qui rompt l'anonymat des membres de leur parentèle, nuit à la discrétion que réclamerait la douleur des survivants. On ne précise pas de qui le mort fut le fils, le frère, le cousin, le mari. On invente un vocabulaire pour le survivant : veuve de guerre pour l'épouse, veuve blanche pour la fiancée, pupille de la nation pour l'orphelin. On poursuit l'enrôlement. Au point que, dans certaines familles, on s'abstient de prononcer le nom du fils, frère, cousin, mari foudroyé dans les tranchées. Stéphane Audoin-Rouzeau et Annette Becker en concluent que « l'impact du massacre de masse provoqué par le premier conflit mondial » a marqué « un tournant décisif des relations des Occidentaux à la mort elle-même ».

Pour autant, les hommages réglés aux morts pour la France ne sont pas que l'affaire de la nation et de son récit. Le sacrifice suprême relève aussi de l'histoire au long cours et constitue un fait anthropologique. L'hécatombe de 1914-1918 a surtout ébranlé, et à jamais, dans la conscience des pays belligérants, l'illusion que l'Europe constituait l'acmé de la civilisation, voire l'unique civilisation. Comment ses chefs, dépositaires de l'omniscience de Dieu ou de l'État, de l'onction de l'Église ou de la République, avaient-ils pu décréter une telle descente aux enfers ? Pendant quatre ans, avaient-ils été sourds et aveugles ? Une fois la catastrophe advenue et la paix revenue, allaient-ils reconnaître une irréductible barbarie ?

Non, impossible, à moins de ruiner le lien social. Le « plus jamais ça ! », le caractère d'exception octroyé à cette guerre, sa sacralisation et sa sanctuarisation, réclamait qu'après avoir donné leur vie pour la patrie, les poilus lui donnent leur mort. Pour rendre digne leur sacrifice, il fallait l'écrire autrement que comme la chronique d'innombrables massacres et charniers. Le réécrire en l'élevant à la puissance significatrice de l'histoire. C'est ainsi que l'historiographie sauve doublement l'histoire, d'abord en exaltant sa part lumineuse, ensuite en soulignant sa part sombre. Quant à l'influence décisive de la nécropole de 1914-1918 sur nos mentalités et nos pratiques funéraires, elle montre, que nous le voulions ou pas, que nous nous en souvenions ou que nous l'ayons oublié, combien nous sommes des héritiers.

La résistance

Sans la raison, nos émotions seraient nullifiées. Qui, d'ailleurs, pourrait garantir leur stabilité sous les torrents de communication déployés pour manipuler la part la plus irrationnelle des êtres humains ? Nos élans ne cessent de s'ajuster sous les avalanches de facteurs qui déterminent notre approbation ou notre désapprobation. Nous pensons choisir mais peinons à définir notre libre arbitre. Qu'est-ce, dès lors, qu'une décision ? L'histoire n'échappe pas à l'irrésolution dans laquelle nous fait plonger cette aporie. Elle n'y échappe pas du tout. Mais elle ne s'y noie pas. Elle offre, au contraire, des exemples incarnés à méditer. Des modèles et même, si l'on veut, des patrons.

Charles de Gaulle et Winston Churchill passent pour avoir eu raison avant tout le monde et contre tout le monde. Leurs choix, vus d'aujourd'hui, revêtent une valeur d'évidence. Ce n'était pas le cas à l'époque. Or, précisément, leur engagement ne découla pas tant d'une raison que d'une conviction. Comment Charles de Gaulle, seul à Londres ou presque, aurait-il pu arracher le consentement de la France par un argumentaire ? L'ordre rationnel allait contre lui. Un gouvernement, celui du maréchal Pétain, doté en apparence du droit, prétendument légal, avait statué que les Français obéiraient à l'occupant. Lui disait non. Comment Churchill, isolé en attendant la contre-attaque soviétique et l'offensive américaine, ne pouvait-il pas voir que les îles Britanniques, privées de l'empire, s'apparentaient à un terrier assiégé ? Le Reich nazi déversait ses bombes sur Londres pour en briser l'héroïsme afin qu'elle tombe un jour sous la déferlante de ses troupes. Lui disait non.

Chez de Gaulle et chez Churchill, la frontière entre le ridicule et l'héroïsme était mince. Le premier écoutait moins la France et le second écoutait moins le Royaume-Uni qu'ils ne s'écoutaient eux-mêmes. Tous deux pariaient sur l'esprit de résistance. Ils nourrissaient la certitude que, tôt ou tard, leurs compatriotes voudraient leur ressembler. S'ils avaient dû s'attacher aux rapports et aux statistiques, ils n'auraient pas eu grand-chose à espérer. Hormis le sens de l'honneur de la Grande-Bretagne, il ne leur restait rien. La situation devait être d'autant plus rageante que chacun d'eux avait été parmi les premiers à réclamer une militarisation accrue de l'Europe face à Hitler. Or, déjà, régnaient l'indifférence, le déni, l'inertie.

Homme d'État, politique philhellène et francophile, écrivain doué, Harold Nicolson est resté célèbre pour son union avec la romancière Vita Sackville-West. Au sein d'une œuvre abondante d'historien et de critique, il a également laissé un journal consignant sa mission d'intermédiaire entre les deux géants. Dès janvier 1940, il relève le décalage entre Churchill et l'opinion : « Nous écoutons après dîner Winston Churchill qui parle à la radio. Il est un peu pompeux et je ne pense pas que son discours ait réellement touché le grand public. Il est trop belliqueux pour cette ère pacifiste. Mais le jour où notre colère viendra aiguillonner notre mollesse, sa voix sera entendue. Pour le moment, elle évoque un héroïsme que les gens n'éprouvent pas dans leur cœur. » Ce qui vaut le 10 janvier 1941 pour de Gaulle : « Je déjeune au Savoy avec le général. Attlee et Dalton sont là. De Gaulle paraît moins rébarbatif sans chapeau, car on voit ses cheveux fraîchement coupés, son regard fatigué, pas toujours bienveillant. [...] Il accuse mon ministère d'être "pétainiste". Je lui réponds : "Mais non monsieur le général." – Enfin pétainisant. – Nous travaillons, dis-je, pour la France entière. – La France entière, crie-t-il, c'est la France libre. C'est moi ! »

Les émotions, elles, dominent sur l'autre rive de l'Atlantique. Et négativement dans un premier temps puisqu'elles contribuent à retarder l'entrée en guerre des États-Unis contre l'Allemagne. À Londres, Churchill et de Gaulle savent infime la chance de remporter la guerre sans le soutien de l'Amérique. À Washington, Roosevelt, qui a immédiatement dénoncé la barbarie du IIIe Reich et qui n'a pas hésité à rappeler Joseph Patrick Kennedy, son ambassadeur au Royaume-Uni, pour complaisance envers le nazisme, ne l'ignore pas. Sa conviction de chef d'État, toutefois, ne suffit pas. Pacifiste, le peuple américain refuse de prendre part à un conflit qu'il considère de surcroît lointain.

Afin de retourner l'opinion, le millionnaire canadien William Stephenson prend, en 1940, la tête des services secrets britanniques aux États-Unis. Sa mission est simple : convaincre les Américains qu'ils ne sont pas à l'abri des ambitions de Hitler. Et ce, par tous les moyens, y compris la manipulation ou la fabrication d'informations ni vraies, ni fausses mais potentiellement crédibles et parfaitement recevables. Le tout, avec la complicité de Roosevelt ainsi que de William Joseph Donovan, le premier patron de l'OSS, l'ancêtre de la CIA, et malgré la défiance de John Edgar Hoover, le puissant chef du FBI.

Aujourd'hui, Volodymyr Zelensky rejoue la même partition. Les sectateurs de Poutine s'entêtent, le caricaturant comme un pitre, un faible, un imposteur devenu président avec l'aide des mafias locales et maintenu au pouvoir par les services occidentaux. Pour tous les autres, infiniment plus nombreux, Zelensky apparaît comme le digne émule de Churchill et de Gaulle. Il n'y va pas juste d'une image qu'il produirait grâce à son talent d'acteur. Il y va d'une énergie qui se transmet d'un siècle à l'autre. C'est son courage qui nous parle et qui, par-delà l'émotion, nous mobilise.

LA CONTRE-ATTAQUE DES HISTORIENS

« Un ogre cannibale » : c'est ainsi que Gabriel Martinez-Gros n'hésite pas à décrire l'historien dans son formidable *Empire islamique*. Non sans ajouter que si « nous donnons la parole au passé, c'est pour qu'il nous parle de nous », qu'à cette fin nous le traduisons et que « cette traduction moderne est inévitablement anachronique ». Il arrive même que des travaux en disent souvent plus sur aujourd'hui que sur hier. Et, parfois, sur leur auteur que sur le sujet.

Le Consulat et l'Empire ont ainsi récemment inspiré des dizaines d'études qui, pour la plupart, examinent le statut des libertés publiques, l'indépendance de la justice ou l'étendue de la police secrète. En bref, elles interrogent la nature autoritaire, ou non, du régime et s'instituent pour ou contre Napoléon. L'importance accordée à ces questions est évidemment le fruit d'une époque et d'une société, la nôtre, libérale et démocratique. Nous ne pouvons pas nous départir de notre mentalité, de notre psychologie, de notre imaginaire.

L'écart est amendable mais incompressible. En soi, il n'a rien de blâmable. Tant que nos obsessions actuelles ne faussent pas le jeu.

Les mœurs changent et les polémiques les suivent. Elles agissent comme un courant puissant à l'encontre duquel il est difficile d'aller. Pour le bicentenaire de la naissance de Napoléon, en 1969, date de la précédente exposition du Grand Palais, les critiques s'étaient attachés à la nature du régime napoléonien qu'ils jugeaient dictatorial. Pour l'exposition marquant le bicentenaire de la mort de Napoléon, en 2021, dont je fus le commissaire, les controverses se concentrèrent sur la condition des femmes et le rétablissement de l'esclavage. En un demi-siècle, la production éditoriale avait varié dans les mêmes proportions. Il ne s'agit évidemment pas de nier le désir de réparation que montre cette nouvelle attention. Mais cela n'autorise pas non plus à présenter comme des révélations spectaculaires censées briser des tabous la mise en exergue de faits connus, traités et jugés depuis longtemps. Les batailles culturelles ne peuvent encourager l'ignorance des savoirs.

Autre problème, combien de biographies de Louis XIV sont des monographies sur Versailles ? Que raconte de vrai cette obsession d'un Français contemporain sur l'appréhension de ses lointains aïeux ? Comme déterminer, avec certitude, le degré d'intérêt et de curiosité d'un provincial de la fin du XVIIe siècle pour cette réserve destinée aux élites, ce parc de plaisirs aristocratiques construit sur des terres marécageuses infestées de moustique et ayant ruiné la caisse publique ? Qu'il ressemblait à une de ces monumentales pâtisseries pleines de grâce et riches de saveurs dont on affichait les images à la devanture des échoppes mais qui restaient interdites au commun des mortels ? Les femmes et les hommes du Grand Siècle étaient-ils fiers du Roi-Soleil, pariaient-ils sur sa postérité, l'imaginaient-ils ?

Mais l'écart vaut aussi entre l'historien et le personnage qu'il étudie, au risque à l'occasion que la science vire à la science-fiction. Dans *Comment on écrit l'histoire*, Paul Veyne écrit : « Même si j'étais Bismarck qui prend la décision d'expédier la dépêche d'Ems, ma propre interprétation de l'événement ne sera peut-être pas la même que celle de mes amis, de mon confesseur, de mon historien attitré et de mon psychanalyste, qui pourront avoir leur propre version de ma décision et estimer mieux savoir que moi ce que je voulais. » L'écart s'applique également aux origines respectives des historiens quand plusieurs d'entre eux sont en lice sur un même sujet.

L'histoire n'échappe pas à ce qui détermine l'humanité, à savoir l'espace, le temps et les individus qui les habitent. Bien plus, comme le note encore Paul Veyne, « il n'existe pas de méthode de l'histoire parce que l'histoire n'a aucune exigence : du moment qu'on raconte des choses vraies, l'histoire est satisfaite. Elle ne cherche que la vérité, en quoi elle n'est pas une science, qui cherche la rigueur. » À quoi, il ajoute : « L'âme de l'historien est celle d'un lecteur de faits divers ; ceux-ci sont toujours les mêmes et sont toujours intéressants parce que le chien qui est écrasé en ce jour est un autre que celui qui a été écrasé la veille, et plus généralement parce qu'aujourd'hui n'est plus la vieille. » C'est bien cette différence-là qu'il nous faut préserver, loin des captations idéologiques qu'elles soient bien ou mal intentionnées.

Y a-t-il dans l'instrumentalisation politique du passé à laquelle s'adonnent les États quelque chose d'accablant ? Sans doute. Mais les calculs qu'engagent la guerre et la paix sont dissemblables. En l'absence de ces aiguillons, qu'advient-il ? Or, la part de littérature que contient l'histoire contribue à son pouvoir d'émancipation. Léon Tolstoï, dont les convictions furent tantôt évangéliques et tantôt spiritualistes, tantôt libérales et tantôt conservatrices, mais toujours exposées avec brio, a dépeint la difficulté nouvelle pour les pères de se retrouver dans le regard de leur fils et, pour les fils, de se reconnaître dans le regard de leur père. Au début des *Deux Hussards*, il se souvient du temps béni mais révolu « lorsque ce n'était pas seulement par l'absence de rides et de cheveux gris que nos pères étaient jeunes, mais quand ils se battaient en duel ». Voilà qui prouve que l'impression de décadence n'est pas née avec l'an 2000, mais aussi et surtout que chaque époque se heurte au sentiment de désenchantement.

Dans *La Marche de Radetzky* qu'il publie en 1932, Joseph Roth dépeint l'immobilisme mortifère de l'empire d'Autriche-Hongrie à la veille de la Première Guerre mondiale, une société où le prestige et le protocole sont des résidus de la splendeur, de la naphtaline saupoudrée sur un monde agonisant. Six ans plus tard, Hitler étant arrivé au pouvoir, il fait paraître la suite, *La Crypte des capucins*, consacrée à l'effondrement politique et militaire que connaît l'empire dans la Grande Guerre. Des statistiques démontreraient probablement les facteurs cachés de cette vertigineuse impuissance. Roth relève, quant à lui, la rupture sentimentale entre deux générations.

La première, vieillissante, empesée, mécontente, se complaît à se souvenir de la gloire passée. Elle ne perçoit pas le délitement à l'œuvre et, surtout, s'indigne du moindre changement. La seconde, jeune, étourdie, hédoniste n'a aucune mémoire des triomphes d'autrefois. Elle ne désire même pas les connaître et, bien plus, se régale à les ridiculiser. Une martialité surannée cohabite avec une allégresse mesquine que résume ainsi le narrateur : « Je vivais dans la compagnie joyeuse, voire turbulente, de jeunes aristocrates, classe de la société qui, avec celle des artistes, avait mes préférences. Je partageais leur frivolité sceptique, leur mélancolie impertinente, leur laisser-aller coupable, leur air de distraction hautaine. [...] Nos plaisanteries s'échappaient de cœurs lourds. Parce que nous nous sentions voués à la mort, tout ce qui nous apportait une confirmation de la vie nous procurait un plaisir insensé. »

Un égal sentiment désabusé a gagné ma génération à l'entour de l'an 2010. Il s'est manifesté différemment. Nos camarades de classes préparatoires qui avaient réussi le concours de l'École normale supérieure ou de l'École nationale d'administration et qui se destinaient à la chose publique étaient salués pour leur courage kamikaze qui les menait à prendre les vœux d'une inexistence ascétique et silenciaire encore plus redoutable que celle des moines médiévaux ayant choisi d'être reclus. Ayant renoncé au monte-charge de l'ascension sociale qui appartenait désormais aux écoles de commerce, maquillées en *Business Schools*, ces valeureux volontaires avaient signé le contrat de n'avoir plus droit à rien. Ils n'avaient même pas été prévenus qu'ils crouleraient sous les tâches administratives dans leur futur département, laboratoire ou cabinet et qu'ils n'auraient plus le temps que de lire d'épais et assommants rapports. Les autres, promus consultants auprès de grandes sociétés ayant des activités auxquelles ils ne comprenaient goutte, avouaient, sans qu'il y ait besoin de trop les y pousser, qu'ils avaient renoncé à la lecture. Tous affichaient le même découragement intellectuel, les uns par dépit, les autres par dédain. Ils acceptaient d'abandonner la connaissance et le pouvoir, le savoir et l'ordre aux tyrans pleins de morgue qui les faisaient cauchemarder, chaque nuit, d'avoir à remplir des tableaux Excel pour l'éternité. Cet état d'esprit, consécutif à des années de déception, a gagné le reste de la population et a creusé entre les Français et la France une brèche de défiance dans laquelle se sont engouffrés les nihilistes de profession.

La déconstruction porte mal son nom. Elle postule un complot pluriséculaire auquel n'auraient cessé de participer les élites mais aussi le peuple, puisque sans lui rien n'est possible. Depuis toujours, ils seraient convenus de continûment falsifier le cours des choses. Mort à cette connivence ! Vive le monde nouveau ! Contester pour contester assurerait ainsi aux déconstructeurs une aura de prophète. Et vive la culture de l'annulation ! Pareille situation n'est pas nouvelle. Elle se produit en général à des époques où la politique se mêle de tout sans parvenir à rien. Toutefois, le mépris affiché de la moindre autorité n'est pas si coutumier dans l'histoire. On retient plutôt, habituellement, qu'il faut la juger à l'aune de sa véracité et de son efficacité.

Comme en prévient encore Gabriel Martinez-Gros, cette fois dans *La Traîne des empires* : « C'est la mise par écrit des lois, leur énonciation claire, aux VIIe et VIe siècle avant notre ère, qui dépouille l'aristocratie grecque de l'arbitraire de sa puissance et introduit cette *isonomia* – "égalité égale" – qui fonde le régime classique de la cité, à Sparte comme à Athènes. La tyrannie de la parole secrète n'était pas moindre que celle de l'écriture des prêtres. » Bien plus, avec Socrate, la parole finit de s'émanciper de tout pouvoir, y compris politique. L'intellectuel, à l'écart des vanités, épris de la liberté de penser, figure mille fois reconstituée au fil des siècles, est né. À moins de quoi, aujourd'hui encore, nous accorderions à Bruno Le Maire autant de crédit qu'à Bruno Latour.

Sinon, déconstruire relève de la banalité. L'esprit humain s'y exerce en permanence et y trouve la plus ordinaire de ses opérations. Il est aussi des moments charnières de siècle en siècle où les représentations collectives se trouvent mises à bas. Mais quand Voltaire et ses amis s'attachent à démanteler les superstitions, ils y travaillent rationnellement et systématiquement. Ils ne réclament pas moins mais plus de connaissances et, surtout, mieux partagées. À rebours des « déconstructeurs » contemporains qui refusent superstitieusement la science et l'art, le savoir et la société, les dénoncent dogmatiquement, les arase religieusement, les détruisent fanatiquement. Fétichistes et fanatiques, ces sectaires assemblent des bribes désordonnées dans leur catéchisme afin de désorienter le sens commun.

Ce nihilisme tous azimuts a atteint son paroxysme avec la vague de vandalisme appliquée aux statues. Il a suffi de fouiller dans la biographie de n'importe quel modèle retenu dans n'importe quel endroit pour lui trouver un défaut d'exemplarité. Pendant des mois, on s'est interrogé sur la juste place à accorder à de telles figures hier louées comme emblématiques, aujourd'hui jugées comme répréhensibles. En oubliant une question pourtant évidente : quelle règle est applicable à l'aménagement de l'espace public ? Qui décide de quel marbre orne nos parcs, nos places et nos carrefours ? La réponse est d'une simplicité déconcertante. Elle a été formulée le 25 novembre 1988 par le Conseil d'État qui, fondant sa décision sur l'article L.121-26 du Code des communes, a statué que « le conseil municipal règle par ses délibérations les affaires de la commune ». C'est-à-dire nous. En 2021, le maire de Rouen a ainsi soumis le sort d'une statue de Napoléon à un référendum finalement favorable au maintien. Voilà comment résister à la déconstruction lorsqu'elle relève de l'ignorance ou du mensonge.

L'attrait qu'exerce ce mouvement, qui se décrète progressiste et qui s'avère réactionnaire, découle pour beaucoup de l'américanisation mondialisée des cultures allégrement confondue avec une révolution planétaire profitable aux nouveaux damnés de la Terre. Sa percée provient aussi quelque peu de notre propre lassitude, voire dégoût à l'égard de notre ancienne superbe. Pour autant, si le monde entier n'essayait pas de lui ressembler, l'Europe aurait l'air moins hautaine. Les reproches formulés à son encontre viennent le plus souvent d'un sentiment d'exclusion d'abord, de frustration ensuite, de privation enfin.

À cet égard, Barack Obama constitue un cas d'école. Le premier tome de ses mémoires, *Une terre promise*, en atteste malgré lui. L'ancien président des États-Unis, probablement le phénomène politique le plus enthousiasmant du XXIe siècle, revient sur sa jeunesse où il a beaucoup lu, évoque son parcours universitaire où il a beaucoup appris, commente les ouvrages où il a beaucoup glané. Il se présente, avec une sincérité dont il n'y a pas lieu de douter, comme un individu qui doit à une fréquentation assidue de la culture livresque la construction raisonnée et réfléchie de sa personnalité. Laquelle dévotion à l'imprimé n'a cessé à l'âge adulte, s'est poursuivie dans l'engagement social puis politique et a continué de rythmer les huit années qu'il a passées à la Maison Blanche. D'où, conclusion implicite, l'intelligence et l'humanisme qu'il s'est efforcé d'imprimer de façon exemplaire lors de ses deux mandats et qui ont fait sa juste réputation planétaire.

Admettons que cette confidence, publiée en 23 langues et 10 millions d'exemplaires, soit à comprendre au pied de la lettre, autrement dit comme une confession livrée en confiance sur une part intime et donc secrète de soi, comment alors l'interpréter ? Barack Obama aurait été, en conséquence, un honnête homme, un être curieux et cultivé, poli et nuancé, informé et critique, à la manière que n'aurait pas reniée un Européen du XVIIe siècle selon la définition qu'en donne, en 1630, le grand serviteur de l'État et des Lettres que fut Nicolas Faret. Un idéal d'humanité fondé sur le bien savoir et le bon goût. Et c'est bien là l'effet envoûtant que produit, à la lecture, sa démonstration que devenir le premier président noir des États-Unis serait avant tout le fruit d'un destin singulier dont son élection constituerait moins la preuve que l'aboutissement.

Voilà donc pour l'autoportrait officiel. D'autres confidences viennent cependant le contrarier. Elles ne sont pas forcément hostiles puisqu'elles émanent de proches ou de collaborateurs. Certains décrivent plutôt un tempérament hésitant qui intellectualise volontiers les urgences pour n'avoir pas à en décider. Il en est même qui jugent que son magistère aurait reposé sur un malentendu, à savoir sa conviction que l'Amérique lui ressemblait et que les Américains se seraient laissé prendre à son jeu de séduction parce qu'il les flattait. Barack Obama aurait de la sorte confirmé la supériorité du Nouveau Monde sur le Vieux Continent en battant ce dernier sur son propre terrain, l'élégance.

Est-ce si vrai ? Dès qu'il prend les commandes de l'hyper-puissance, son suzerain part, à bord d'Air Force One, accomplir la visite rituelle auprès de ses vassaux de l'hypo-puissance. Un classique que le voyage dans la vieille Europe. Ce qui vaut pour Barack Obama. Londres en constitue la porte d'entrée, l'allié britannique étant acquis à l'Alliance atlantique. Suivent les autres capitales, sises sur le continent. Le président Obama rencontre au premier chef, comme il se doit, le président Sarkozy et la chancelière Merkel, incarnations s'il en est du couple franco-allemand.

Mais que nous dit Barack sur Nicolas et Angela ? Du mal ! Et à n'en plus finir. Il brocarde leur allure, leur parler et leurs prétendues mauvaises manières. La mesquinerie dont il fait montre prouve qu'il se rêve affilié à l'Europe mais qu'il n'en est même pas membre d'honneur. Les Français et les Allemands paient la moquerie des Anglais s'amusant des faux pas protocolaires que sa femme, Michelle, a commis auprès de la reine Elisabeth.

Qu'est-ce que le président américain a raté de l'esprit européen en général, français en particulier ? Le Vieux Monde a été colonisateur, c'est exact, a commis des atrocités, c'est aussi exact, a perpétré des horreurs, c'est encore exact. Et il y a tout lieu de le déplorer. Mais l'Europe a également créé les instruments et les outils qui permettent de la critiquer. Mieux, elle a instruit son propre procès. Elle a fini par comprendre et par accepter, surtout, qu'elle n'avait rien de mieux à faire valoir, en tant que civilisation, que toutes les autres civilisations. Qu'il y a, entre elles, égalité. Ce qui constitue ultimement l'honnête homme et son humilité. Cette vertu cachée lui permet de s'alléger de la tentation de l'obscénité. En cela, la légèreté extérieure n'est jamais que l'autre face de la gravité intérieure. Elle consiste précisément à admettre que l'on est enclin à l'erreur lorsque notre sentiment brouille notre raisonnement. Et qu'il faut alors modestement s'abstenir de transformer ce magma en jugement.

Pourtant cette propension à la subjectivité arbitraire et vengeresse commence à dominer, je l'ai dit, même chez nous, parée qu'elle est du masque de la lutte contre toutes les dominations. En ce début de XXIe siècle, la politique des émotions recouvre toutes les formes d'expression. Les œuvres sont appréciées en fonction de l'idéologie à laquelle elles se rapportent. La lutte se résume à détruire ce que l'autre camp a construit, quitte à oublier l'autre affrontement essentiel, celui entre l'intelligence et la bêtise. Où est passée la dette envers notre culture sans laquelle n'existeraient pas de telles libertés, quand bien même gâchées ? Même partielle, même partiale, l'histoire est la seule à protéger du désenchantement préalable à l'effondrement. L'univers symbolique est un supplétif de la réalité et, sans lui, sans le travail des historiens sur hier, les possédés de toutes sortes ne cesseront d'ameuter les ressentiments sous couvert d'admettre les sentiments. Ils déconstruiront d'abord, détruiront ensuite et, après leur imposture déguisée en indignation, il ne restera rien. La France se remettra de la faillite des gouvernements, pas de la prise de pouvoir des imbéciles. Ce que nous ne pourrons éviter, tant l'époque s'y prête, à moins de nous tourner vers le meilleur des passés pour nous détourner du pire des avenirs. Autrement dit, de nous historiciser passionnément avec raison pour nous déprendre des subterfuges et des pièges de l'affect-roi.

Table des matières

Achevé d'imprimer
sur les presses de la Nouvelle Imprimerie Laballery
58500 Clamecy

Composition : Nord Compo

N° d'imprimeur : 404166
Achevé d'imprimer : avril 2024
Dépôt légal : avril 2024

Imprimé en France